FP教本

相続・贈与

目　次 contents

第1章　相続・贈与と法律

第1節　親族に関する基礎知識

第2節　贈与の規定

第3節　贈与の種類

第4節　相続制度の基本的仕組み

第5節　遺言

第6節 成年後見制度

第2章 贈与と税金

第1節 贈与税の概要と計算

第3章 相続と税金

第4節　相続税の納付

第4章　財産評価

第1節　財産評価の原則

第2節　金融資産等の評価

第3節　不動産の評価

第4節　自社株評価の概要

第5章　相続対策

第 1 章

相続・贈与と法律

第1節

親族に関する基礎知識

1 親族

　民法上の親族とは、6親等内の血族、配偶者、3親等内の姻族をいう〔図表1-1〕。

　血族とは、血縁関係にある親族をいう。養子と養親（義父・義母）およびその血族は、養子縁組の日から血族と同一の親族関係をもつ。なお、養子縁組による親族関係は、養子の離縁により終了する。

　姻族とは、婚姻関係による親族をいう。姻族関係は離婚によって終了する。夫婦の一方が死亡した場合は、生存している配偶者と死亡した配偶者の血族は姻族関係を保つことになる（たとえば、夫が死亡しても残された妻と夫の親とは姻族関係が継続する）が、生存している配偶者が、婚姻関係終了の届出を市区町村長に提出した場合は、姻族関係は終了する。

2 親子（嫡出、認知、普通養子、特別養子等）

　妻が婚姻中に懐胎した子は、夫の子（嫡出子）と推定され、親子関係が当然に発生する。一方、婚姻関係にない女性から出生した子（非嫡出子）は、その父親が明らかであっても、父親が認知しない限り父子関係は発生しない。

　まだ出生していない子（胎児）は権利能力を有しないが、胎児であることによる法律上の権利は個別に定められている（損害賠償請求権、胎児の認知、相続権等）。

　また、親子関係は養子縁組によっても発生する。養子と養親との間に嫡出の親子関係が発生するだけでなく、養子と養親の血族との間に親族関係が生じる。すなわち、養親の子とは兄弟姉妹の関係が、養親の父母とは祖父母・孫の関係が生じる。

　しかし、養子縁組前に生まれた養子の子は、養親およびその血族とは親族関係は発生し

〔図表1－1〕親族・親等（すべて自分からみる）

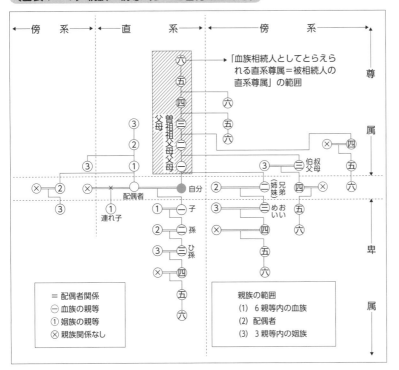

ない（養子縁組後に生まれた養子の子は、養親およびその血族とは親族関係が発生すると解されている）。

　なお、養子縁組には普通養子縁組と特別養子縁組があり、**普通養子**縁組の場合は養子の実父母およびその血族との親族関係は**存続**するが、**特別養子**縁組の場合は養子の実父母およびその血族との親族関係が**終了**し、養親のみが養子の父母となる〔図表1－2〕。

　直系血族および兄弟姉妹は、互いに扶養をする義務があるが、家庭裁判所は、特別の事情があるときは、3親等内の親族間においても扶養の義務を負わせることができる。

〔図表1－2〕「普通養子縁組」と「特別養子縁組」の比較

	普通養子縁組	特別養子縁組
養親の制限	成年に達した者（単身者も可）	少なくとも一方が満25歳以上、他方が20歳以上の夫婦（ともに養親）
養子の制限	養親より年少者	原則として15歳未満
手続	• 当事者の届出 • 未成年者を養子とする場合は、原則として家庭裁判所の許可が必要	• 原則として養子となる者の父母の同意が必要 • 家庭裁判所の審判が必要
親子の関係	実方の血族との親族関係は存続する	実方の血族との親族関係は終了する
戸籍の記載	養子と明記される	養子の文言の記載がない

実務上のポイント

- 養子縁組前に生まれた養子の子は、養親およびその血族とは親族関係は発生しない（養子縁組後に生まれた養子の子は、養親およびその血族とは親族関係が発生すると解されている）。
- 普通養子縁組の場合は養子の実父母およびその血族との親族関係は存続するが、特別養子縁組の場合は養子の実父母およびその血族との親族関係が終了し、養親のみが養子の父母となる。

第2節

贈与の規定

① 贈与の意義

　贈与とは、ある者（贈与者）が相手方（受贈者）に無償で財産を与える行為である。子どもの住宅購入に際して、親が子どもに住宅取得資金の一部を与える場合などの所有権や債権を移転する場合だけでなく、子どもの住宅ローンを親が子どもに代わって返済する場合や債務の免除など、受贈者側の債務が減少する場合も贈与に含まれる。

② 贈与契約

　贈与契約は、一方の当事者が財産を無償で相手方に**与える意思表示**をし、**相手方が受諾**することによって成立する**無償**契約である。また、対価的関係に立つ債務を双方が負担し合う関係にないので**片務**契約でもある。

　贈与契約は、書面のほか、**口頭でも認められる**（当事者間の合意だけで効力が生じる契約を**諾成**契約という）。もっとも、書面による贈与契約は、各当事者が解除することができないなど書面によらない贈与契約よりも効力が強くなっている。

③ 贈与の時期

　贈与契約が諾成契約である以上、上記のように、当事者間で贈与の合意があったときに成立し、必ずしも書面等の方式を必要とするわけではない。

　ただし、書面による贈与契約か否かにより、次に述べるような相違が生じる。

4 贈与契約の解除

民法では「書面によらない贈与は、各当事者が解除をすることができる。ただし、履行の終わった部分については、この限りでない」と規定している。

この趣旨は、書面により贈与契約が締結された場合、各当事者は、原則として、その贈与の解除をすることができないが、**書面によらない贈与**については、各当事者（特に贈与者）に「**解除」する権利を認めている**。その理由は次の点にある。

- 贈与者が軽率に贈与することを戒めること
- 後日のわずらわしい紛争を避けるため、贈与者の意思を明確にする必要があること

こうした理由から、「書面による贈与」といえるための「書面」とは、必ずしも贈与契約書の形式を取る必要はなく、贈与者の慎重な意思が文面から判断できる程度のもので足りるとされている。

書面によらない贈与であっても、**履行が終了した部分については解除することはできない**。贈与者の贈与意思が明確だからである。

第3節

贈与の種類

定期贈与、負担付贈与および死因贈与をまとめて「特殊の贈与」と称する場合があり、「特殊の贈与」以外の通常の贈与は、単純贈与と称される。

❶ 定期贈与

定期贈与とは、定期の給付を目的とする贈与である。たとえば、大学を卒業するまでの4年間、毎月10万円ずつ贈るという契約がこれに該当する。

定期贈与は、反対の特約のない限り、贈与者・受贈者の一方が死亡したら、それ以後契約の効力を失うことになる。定期贈与契約は、当事者間の特別な人的関係に基づくことが多いからである。

❷ 負担付贈与

負担付贈与とは、贈与契約締結の際に受贈者に一定の負担を課す贈与である。たとえば、2,000万円の土地を贈与する代わりに、借入金1,200万円を受贈者に負担させるという契約である。

受贈者の負担から利益を受ける者は、贈与者でも第三者、不特定多数の者でもよい。負担付贈与は売買と似ているが、その違いは反対給付との価値の隔たりが大きい点にある。負担の限度において、贈与者の給付と受贈者の給付とは対価関係に立つことから、贈与者は売主と同じような担保責任を負い、双務契約に関する規定（同時履行の抗弁権、危険負担）の適用も受ける。

受贈者が負担を履行しない場合、贈与者は、負担付贈与契約を解除できる。

❸ 死因贈与

死因贈与とは、贈与者の死亡により効力が生じる、一種の始期付の贈与である。たとえば、贈与者が、自分が死んだら家屋を受贈者に与えるという契約である。

死因贈与の効力は贈与者が死亡するまで発生しないため、遺贈と似ている。しかし、**遺贈は遺言による一方的な意思表示**（単独行為）であるのに対し、**死因贈与は贈与者と受贈者との合意**によってなされる。

民法は、**遺贈に関する規定は死因贈与に準用される**と規定するが、遺贈と死因贈与との法的性格の相違により、遺贈に関する**すべての規定が準用される**わけではない。たとえば、死因贈与契約書の書式については、遺贈における遺言書のように、厳格に定められてはいない。判例も死因贈与の方式については遺贈に関する規定の準用はないとしている。

実務上のポイント

- 負担付贈与とは、贈与契約締結の際に受贈者に一定の負担を課す贈与である。
- 死因贈与とは、贈与者の死亡により効力が生じる、一種の始期付の贈与である。

第 **4** 節

相続制度の基本的仕組み

1 相続財産の種類

　人が死亡すると、相続が開始されその者（被相続人）の財産に属したいっさいの権利義務（全財産）は、法律で定められた順位に従って引き継がれる。

　ここでいう全財産には、土地建物、現預金、有価証券、不動産や動産といった積極財産（プラス財産）のほか、借金やローン等の債務といった消極財産（マイナス財産）も含まれる。ただし、被相続人に一身専属的で移転性がなく、相続に適さないもの、具体的には年金受給権や扶養を受ける権利などは除かれる。

2 相続の開始

　相続は、人の死亡（自然死亡）によって開始するが、人が行方不明でその生死が判明しないときは、失踪宣告によっても相続が開始する。

　なお、相続開始の場所は、被相続人の住所地である。

(1) 自然死亡

　死亡診断書（事故死の場合は検死にあたった医師の検案書（死体検案書）、またはやむを得ない場合は「死亡を証すべき書面」）を添付した死亡届により、戸籍簿に死亡の事実およびその日時が記載される。なお、戸籍法では、親族、同居者、家主、地主、家屋または土地の管理人等、後見人、保佐人、補助人、任意後見人のいずれかが死亡届の届出義務者として、死亡の事実を知った日から7日以内（国外での死亡は、その事実を知った日から3カ月以内）に、市区町村役場に提出しなければならないと定めている。

　死体が発見されない場合であって、死亡の蓋然性がきわめて大きいときは、死亡届では

なく、認定死亡として官公署の死亡報告に基づいて戸籍簿への記載が行われる。

(2) 同時死亡の推定

死亡した数人中、その1人が他の者の死亡後もなお生存していたか否か不明のときは、同時に死亡したものと推定される。たとえば、父Aと子Bとが同一事故等で死亡し、その死亡時期の前後が不明のような場合は、同時に死亡したものと推定され、AとBの間に相続は開始せず、結局Bの子CがAの代襲相続人となり、Aの遺産を承継することになる。

❸ 相続人の範囲と順位

被相続人の財産を引き継ぐことのできる一定範囲内の者のことを相続人という。相続人となるのは、民法により被相続人の配偶者と一定範囲内の血族、すなわち、子（その代襲相続人を含む）、直系尊属、兄弟姉妹（その代襲の子を含む）に限られ、血族は次の順位に従って相続する。

なお、民法で相続人と定められる者を**法定相続人**、法定相続人のなかで実際に相続人になった者を**相続人**という。

(1) 血族相続人とその順位

① 第1順位……子

子は第1順位で相続人となる。子が数人いるときは同順位で均等に分けることになる。男女の間に差はなく、また結婚して戸籍や姓が別になっていても相続権がある。

長男（長女）でも二男（二女）でも差異はない。実子でも養子でも同様である。ただし、相続税法上の取扱い（養子の数が1人または2人）については、養子の数に制限がある。

また、**特別養子制度**（原則として15歳未満で、実方との親族関係を断絶し、完全に養方の嫡出子として取り扱う制度）にしたがって養子縁組をした場合には、実親の相続権はなくなる。

非嫡出子（婚姻外に生まれた子）も、実の子である以上は相続権がある。非嫡出子は、父子関係は**認知**（父による任意認知または裁判上の強制認知）された場合でないと生じないため、認知されない子は、生物学上の父の財産であっても相続することができない。

孫は、直接的には相続人とはならない。しかし、相続発生時に子（孫の父または母）が死亡していた場合、孫は子の相続分について相続することになる。これを**代襲相続**という

（孫も死亡してその子が存在する場合は、再代襲する）。

　また、相続開始時において懐胎していた胎児にも、既に生まれたものとみなして相続権がある。ただし、胎児が死体で生まれた時（死産）は適用されない。

② 第2順位……直系尊属

　第1順位の相続人がいない場合、被相続人の父母が相続人となる。被相続人の父母がいない場合で、祖父母がいるときは祖父母が相続人となる。父母、祖父母がいるときは親等の近い者が先順位となるが、**代襲相続は認められない**。

③ 第3順位……兄弟姉妹

　第1順位、第2順位の相続人がいない場合、兄弟姉妹が相続人となる。

　兄弟姉妹が死亡している場合、**兄弟姉妹の子（甥・姪）に限り代襲相続が認められる**（再代襲は認められない）。

(2) 配偶者

　配偶者は常に相続人となり、血族相続人がある場合は、それらの者と同順位で相続することになる。ただし、ここにいう配偶者とは、婚姻届出をした者である。内縁配偶者に相続権が認められない理由は、一夫一婦制を確保するために戸籍上明確な基準によって区別される必要があるからである。なお、配偶者の代襲相続は認められない。

　配偶者と血族相続人とが民法上別系列の相続人であることは、相続分が別々に定められていることからも明らかである。したがって、血族相続人が何人いても配偶者の相続分は変わらないし、血族相続人の1人について生じた事由によって配偶者の相続分は影響を受けない。たとえば、複数の血族相続人のうちの1人が相続放棄をしても配偶者の相続分は変わらない。

(3) 欠格と廃除

　相続人であっても、欠格または廃除により相続権を失うことがある。

　欠格とは、相続人となるべき者が故意に被相続人を殺したり、詐欺や強迫により遺言書を書かせたりした場合などに、当然に相続人としての資格を失うことをいう。

　廃除とは、被相続人を虐待し、または重大な侮辱を加えたり、相続人に著しい非行があった場合に、被相続人が家庭裁判所に申し立てることによってその相続権を失わせるものである。被相続人は遺言によって廃除の意思表示をすることもでき、その場合は遺言執行者が家庭裁判所に申立てをする。

　欠格や廃除の場合も、**代襲相続は認められる**（後述する相続放棄の場合とは異なる）。

欠格者や廃除者の子らは、欠格・廃除の非行とは関係がないからである。

④ 相続分

(1) 指定相続分と法定相続分

　相続人が数人いる場合に、これらの相続人（共同相続人という）がそれぞれ相続財産を相続する割合のことを相続分という。

　相続分には指定相続分と法定相続分がある。

　被相続人は、遺言によって相続分を指定したり、指定することを第三者に委託できる。これを指定相続分という。指定相続分は法定相続分に優先して適用される。

　遺言による相続分の指定がなければ、民法で定める相続分によることになる。これを法定相続分という。法定相続分は〔図表1−3〕のとおりである。

(2) 相続分の修正変更

　共同相続人のなかに特別受益者がいたり、寄与分権利者がいるときは、相続分が修正変更される。

① 特別受益者がいる場合

　特別受益の制度は、相続人間の公平を図ることを目的とする制度である。

　すなわち、共同相続人のなかに被相続人から遺贈を受けた者、結婚や養子縁組のために贈与を受けている者、その他生計の資本として贈与を受けている者（以上の者を特別受益者という）が存在する場合には、その贈与分（特別受益額）を特別受益財産として被相続人の遺産に加え（持戻し）、その合計額を相続財産とみなす（以下「みなし相続財産」という）。

　みなし相続財産を基礎とし、各共同相続人の相続分（指定相続分または法定相続分）を乗じて相続分（持分）を算出する。特別受益者については、この持分から既に受けた特別受益額を控除した残額が具体的な相続分となる。

　被相続人は、この持戻しを免除する意思表示を行うことができ、この場合、特別受益を得た共同相続人がある場合でも相続財産への持戻しは行われない。

　持戻し免除の意思表示は、贈与契約書や遺言書に記載する方法により行うのが一般的であるが、婚姻期間が20年以上の夫婦の一方が他方に対してその居住用建物またはその敷地

〔図表1-3〕法定相続人と法定相続分

区　　　分	相　続　人	法　定　相　続　分
配偶者がいる場合	① 配偶者と子（含養子）	配　偶　者 $\frac{1}{2}$ 子 $\frac{1}{2}$
	② 配偶者と直系尊属（含養父母）	配　偶　者 $\frac{2}{3}$ 直　系　尊　属 $\frac{1}{3}$
	③ 配偶者と兄弟姉妹	配　偶　者 $\frac{3}{4}$ 兄　弟　姉　妹 $\frac{1}{4}$
配偶者がいない場合	① 子	全　　　　　部
	② 直系尊属	全　　　　　部
	③ 兄弟姉妹	全　　　　　部

（※1）同一順位の相続人が複数いるときは、各人の相続分は均等である。
（※2）父母の一方を同じくする兄弟姉妹の相続分は、父母の双方を同じくする兄弟姉妹の2分の1である。
（※3）代襲相続人の相続分は、その直系尊属が受けるべきであった相続分と同じである。

の遺贈または贈与をしたときは、**持戻し免除の意思表示をしたと推定**されることになった。「推定」であるため、被相続人は別の意思表示（持戻し免除をしないこと）をすることも可能である。

　当該規定が新設されたのは、婚姻期間が長い夫婦間で贈与が行われる場合の当事者の意思（通常、配偶者を不利に扱う意思はないこと）や、後述の贈与税の特例と同様の長期間（20年間）婚姻期間が継続した夫婦間の居住用不動産の贈与について、民法上も一定の措置を講じることが望ましいと考えられたことによる。

　上述したとおり、婚姻期間が20年以上の夫婦の間で居住用不動産の贈与が行われる場合、贈与税の特例の対象になる。

a．相続税法上のみなし相続財産との比較

　相続税法上の「生前の贈与財産」においては、相続や遺贈によって財産を取得した者が相続開始前一定期間（3年～7年）内に被相続人から贈与（民法のような、結婚や生計の資本というような制限はない）を受けた場合、その財産は相続財産に加算される（ただし、相続時精算課税制度を選択していた場合は、その贈与金額は年限に関係なく加算（2024年1月1日以後の贈与は、年110万円控除後）される）。したがって、相続税法上は、一定期間（3年～7年）内よりも前になされた贈与は、相続時精算課税制度を選択していた場合を除き、相続財産に加算されない。しかし、民法上の特別受益には年限がないため（遺留分の対象になるのは原則として相続開始前の10年に限定）、一定

期間（3年〜7年）内よりも前になされた贈与（たとえば18年前の贈与）も、「みなし相続財産」として被相続人の財産に加算される。これは、相続人間の公平を図るためである。

なお、持戻し財産の額は、相続発生時の額に引き直して計算される。たとえば、相続開始18年前の贈与財産が100万円でも、相続開始時の評価が1,000万円ならば、1,000万円で持戻しをする。

ｂ．受贈財産の滅失・毀損

贈与によって財産を取得した者が、被相続人からの受贈財産を故意または過失により滅失、毀損させていた場合は、当該財産は持戻しの対象となる。逆に善意・無過失で滅失、毀損した場合は、当該財産は持戻しの対象とはならない。

ｃ．生命保険金、死亡退職金の扱い

生命保険金、死亡退職金（以下「生命保険金等」という）を共同相続人のうちのある相続人が受け取った場合、生命保険金等はみなし相続財産となるのかについて、最高裁判例においては、みなし相続財産ではなく、受取人たる相続人の固有の権利と解されている。他方、相続税法上は、生命保険金等はみなし相続財産として相続財産に加えられ、課税遺産総額を算出することになっている。両者で扱いが異なるのは、民法（相続法）においては残された遺族たちの生活保障の必要性、税法においては強制的徴収という理念の違いに由来するものと思われる。

ただ、今日においては生命保険金等が相続財産（たとえば5,000万円）と比較して巨額になる（たとえば1億円）場合があり、生命保険金等の受取人たる相続人は、生命保険金等を受け取ったうえ、さらに遺産分割協議において相続分を乗じて算出された相続分を保持でき、不公平な結果となることも考えられる。

判例は、原則として特別受益ではないが、保険金受取人である相続人とその他の共同相続人との間に生ずる不公平が到底是認することができないほどに著しい場合には、持戻しの対象になるとしている。

② 寄与分権利者がいる場合

寄与分制度は、共同相続人のなかに相続財産を維持増加するうえで特別に寄与した者（寄与分権利者）がいる場合には、その者の本来の相続分（指定相続分または法定相続分）に一定の加算（相続財産の維持増加部分を寄与分として）をして、相続人間の公平を図ることを目的とする制度である。

まず、被相続人の死亡時点での財産から、寄与分を控除した残額が相続財産となる。寄与分権利者以外の相続人は、この残額を相続財産とし、各共同相続人の相続分を乗じて相

続分（持分）を算出する。寄与分権利者は、この相続分に寄与分を加えてその相続分（持分）を算出する。

　相続人でない親族であっても、**無償で**、被相続人の財産の維持または増加について特別の寄与をした者（特別寄与者）にあたる場合は、特別寄与者は、相続人に対し特別寄与者の寄与に応じた額の**金銭（特別寄与料）の支払を請求することができる**制度が新設された。

　特別寄与者は相続人でないことから、寄与分の制度と異なり、金銭（特別寄与料）の支払による解決を目指す制度とされている（つまり、特別寄与者は遺産分割の当事者にならない）。

③　家庭裁判所の手続

　特別寄与者は、特別寄与料の支払について当事者間で協議が整わないとき等は家庭裁判所に協議に代わる処分を求めることができる。

（3）共同相続における対抗要件

　相続による権利の承継は、遺産の分割によるものかどうかにかかわらず、**法定相続分を超える部分については、登記、登録その他の対抗要件を備えなければ、第三者に対抗できない**。

　これにより、遺贈、特定財産承継遺言、遺産分割のいずれについても、法定相続分を超える部分の権利の承継については、対抗要件を備えなければ第三者に対抗できないということになる。なお、法定相続分の範囲内での承継については、従前同様、対抗要件を備えなくても、第三者に対抗することができる。

例　題

Q: ....

　被相続人には、妻Aとの間に子B、C、Dの3人がおり、相続財産は1億5,000万円である。相続人Dは被相続人から生計の資本として1,500万円の生前贈与を受けており、被相続人の事業を手伝っていたBには4,500万円の寄与分がある。
　各相続人の相続分はいくらになるか。

A: ....

　遺産1億5,000万円に、Dに対する生前贈与額1,500万円を加え、Bの寄与分

4,500万円を差し引いてみなし相続財産を求める。

1億5,000万円＋1,500万円－4,500万円＝1億2,000万円

これを各自の法定相続分で分けると次のとおりとなる。

妻A：1億2,000万円×$\frac{1}{2}$＝6,000万円

子B、C、D：1億2,000万円×$\frac{1}{2}$×$\frac{1}{3}$＝2,000万円

Bはこれに寄与分4,500万円を加え、Dは生前贈与分1,500万円を差し引き、各自の具体的な相続分を算出する。

妻A：6,000万円　子B：6,500万円　子C：2,000万円

子D：500万円

❺ 相続の承認と放棄

相続人は、原則として被相続人の財産を引き継ぐが、多額の債務があるような場合には、相続したくないこともある。そこで相続人は、相続の開始があったことを知った時から、原則として3カ月以内に、**単純承認**、**限定承認**、**相続の放棄**のうちいずれかを選択し、相続するかどうかの意思決定をする。

(1) 単純承認

単純承認とは、被相続人の財産（積極財産・消極財産）のすべてを無条件で相続することである。単純承認には、相続人が積極的に被相続人の権利・義務を承継する旨の意思表示をした場合のほか、相続人の行為または期間の経過によって単純承認したものとみなされる法定単純承認とがある。

① 意思表示による単純承認

a．単純承認する旨の意思表示

単純承認する旨の意思表示は、家庭裁判所への申述手続を必要としない（通常はこのような意思表示は行われていない）。

b．相続人の行為能力

単純承認する旨の意思表示は、財産法上の意思表示であるから、確定的で有効な意思表示をするには、相続人に行為能力がなければならない。

　したがって、相続人が制限行為能力者である場合は、法定代理人（未成年者、成年被後見人の場合）または保佐人（被保佐人の場合）の同意または代理が必要である。

　さらに、法定代理人が意思表示をすることが制限行為能力者と利益相反となる場合（たとえば、相続人が母と子（未成年者）であるときに、子だけが相続放棄する場合等）には、家庭裁判所に制限行為能力者の特別代理人の選任を請求しなければならない。

c．包括的意思表示

　単純承認する旨の意思表示は、相続財産について包括的になされなければならない。たとえば、不動産は相続するがほかは相続しないというような意思表示はできない。

d．意思表示の時期および条件、期限

　単純承認する旨の意思表示は、相続開始前にはできない。また、条件、期限を付すこともできない。

e．撤回の禁止

　単純承認の意思表示をした以上は、相続があったことを知った時から3カ月以内であっても撤回できない。ただし、行為能力の制限、詐欺・強迫、後見監督人の同意の欠如等があれば、取り消すことができる（その取消しは追認できるときから6カ月以内、または意思表示のときから10年以内に行う必要がある）。

② 法定単純承認

以下の場合は、単純承認したものとみなされる。

a．相続人が相続財産の全部または一部を処分したとき

　具体例としては、相続債務弁済のための財産の譲渡、相続債権の取立等の法律行為のほか、相続財産の放火、損壊等の事実行為も含まれる。ただし、判例では、処分行為は相続人が被相続人の死亡の事実を知った後か、死亡を知ることができた状態でなされたものであることが必要とされている。

b．自己のため相続があったことを知った時から3カ月以内に限定承認または放棄をしなかったとき

　この3カ月の期間は、相続人が相続の内容を調査して、相続を承認するか放棄するかの熟慮をする期間（熟慮期間）として設けられているものである。「自己のため相続があったことを知った時から」とは、被相続人の死亡の事実を知り、かつ、具体的に自分が相続人となったことを知った時からである（放棄の場合の「知った時」については後述）。

　相続人が未成年者、成年被後見人であるときは、その法定代理人が、これらの制限行為能力者のために相続の開始があることを知った時から（被保佐人については、保佐人

が知った時ではなく、被保佐人自身が知った時から）起算する。

　相続財産が複雑で、調査等に日数を要するときは、利害関係人または検察官の請求により、家庭裁判所は熟慮期間を伸長できる。

ｃ．相続人が限定承認または放棄をした後でも、相続財産の全部または一部を隠匿し、費消し、悪意で財産目録に記載しなかったとき

　ただし、放棄をした相続人が隠匿等の背信行為をしたことが判明しても、その相続人が放棄したことによって相続人となった者が3カ月以内に承認した後は、当該背信行為をした相続人は単純相続することはない。

　たとえば、被相続人Aに子Bと兄Cがいたとして、Bが放棄をしたため、Cが相続人となり承認した。ところが、後にBが背信行為をしたことが判明した場合、Bの放棄はそのまま効力を持続し、Cの承認が有効になる。

（2）限定承認

　相続人は受け継いだ資産（積極財産）の範囲内で負債（消極財産）を支払い、積極財産を超える消極財産は責任を負わないという相続の方法を限定承認という。相続財産のなかの消極財産が積極財産より多いと思われる場合に有効なものである。

　たとえば、被相続人に1,000万円の預金と1,500万円の借金がある場合、相続人が限定承認すると、積極財産（預金）と消極財産（借金）が相続人に承継されるが、相続人は1,500万円の債務については、1,000万円までしか責任を負わない。「債務は承継するが責任は負わない」という意味は、相続人は任意に相続債権者に対して500万円の債務を弁済してもよいが、相続債権者が相続人に対して強制執行できるのは積極財産の1,000万円までであり、それを超える500万円については強制執行できないことを意味する。

　限定承認を行うには、前述の3カ月以内に放棄した者を除く相続人全員が家庭裁判所へ申述しなければならない。相続財産をめぐる法律関係がきわめて複雑になるからである。

　また、限定承認も財産法上の行為であるから、単純承認と同様、相続人には行為能力のあることが必要である。

　限定承認をした場合に、相続財産に不動産等の譲渡所得の基因となる資産があるときには、被相続人がその財産を時価で譲渡したものとみなして、譲渡益が所得税の課税対象となり、その後に相続人が当該財産を譲渡するときには、その時価により取得したものとして譲渡所得の金額が計算される。

(3) 相続の放棄

① 相続の放棄とは

　相続人は相続があったことを「**知った時から**」**3カ月以内**であれば、相続財産の承継を拒否することができる。これを相続の放棄という。遺留分の放棄とは異なり、相続人は、被相続人の**生前に相続の放棄をすることはできない**。相続財産のうち消極財産が多い場合、または積極財産の承継をしたくない相続人がいる場合に利用される。

　なお、相続放棄における「知った時から」について、判例では、「相続人が相続開始の原因たる事実およびこれにより自己が相続人となった事実を知った時から3カ月以内に限定承認または相続放棄をしなかった場合でも、当該相続人に対し相続財産の有無の調査を期待することが著しく困難な事情があって、相続人において右（上記）のように信じることについて相当な理由がある場合には、（たとえ3カ月を経過していても）相続人が相続財産の存在を認識した、または通常これを認識できる時から起算すべきである」としている。

② 相続放棄の手順

　相続を放棄する場合の方式および意思表示は、以下のとおりである。

　a．相続があったことを**知った時から3カ月以内**に**家庭裁判所**に申述する必要がある（放棄申述書を提出する）。

　b．法的に、放棄をする理由を申述する必要はない。

　c．共同相続の場合でも、限定承認とは異なり、各相続人が**単独**で放棄できる。

　d．放棄するためには相続人に行為能力が必要であること、相続財産について包括的になされなければならないこと、相続開始前の意思表示が無効であること、条件、期限を付すことはできないこと、および放棄の意思表示は撤回することができないこと等は単純承認の意思表示と同様である。

　相続放棄の結果、相続放棄者ははじめから相続人でなかったものとみなされるので、**放棄者を代襲相続することはない**（欠格・廃除の場合と異なる）。

　相続放棄をした者は、はじめから相続人ではなかったものとみなされる。したがって、同順位の共同相続人がいる場合は、ほかの相続人の相続分が増加し、同順位（たとえば子）の相続人がいない場合は、次順位の者（親）が相続人となる。

　なお、**相続税計算上の法定相続人の数には、相続の放棄があっても、その放棄はなかったものとして計算される。**

❻ 遺産の分割

(1) 遺産分割の種類、方法

　相続人が数人いるときは、被相続人の財産は共同相続人の共有に属することになるが、この共有状態のものを各相続人に帰属させる方法が遺産分割である。なお、従来、預貯金は、各相続人の相続分に応じて当然に分割されるので遺産分割の対象外とされていたが、平成28年12月19日の最高裁の大法廷決定において、遺産分割の対象になるとの判例変更がなされた。

　遺産分割には、次の方法がある。

① 指定分割

　被相続人は、遺言で分割の方法を定め、また分割方法を定めることを第三者に委託することができる。これを指定分割といい、**協議による分割、家庭裁判所の審判による分割より優先**される。

　遺言による分割方法の指定は、遺産の全部はもちろん、遺産の一部についてだけ行うこともできる。指定の方法は、財産の種類だけを指定してもよいし、具体的に財産を特定して指定してもよい。

　共同相続人の一部または遺産の一部についてだけ分割方法が指定されている場合には、残りの部分について共同相続人間で協議して分割方法を決定しなければならない。

② 協議分割

　共同相続人全員の協議によって分割する方法である。被相続人の遺言による指定がない場合はこの方法による。

　共同相続人の1人から分割の要求があれば、ほかの共同相続人は協議に応じる義務がある。また、協議は共同相続人全員の参加と合意を要し、一部の相続人を除外したり、あるいは一部の相続人の意思を無視して行った協議は無効とされる。

　協議分割は、現物分割、換価分割その他どのような分割方法によってもさしつかえない。分配比率も**指定相続分や法定相続分に従わなくてもよく**、共同相続人中のある者の取得分をゼロにしてもかまわない。

③ 調停分割・審判分割

　裁判所が関与する分割に調停分割と審判分割がある。

　調停分割は、**協議が調わない場合**に、調停により分割する方法である。家庭裁判所にお

いて裁判官である家事審判官と家事調停委員が当事者に加わって協議を行い、分割の合意を成立させる。合意が成立すると、分割協議書に代わる合意事項を書面にした調停調書が作成され、その記載は確定した審判と同一の効力をもつ。

　他方、**審判分割**は、**裁判官は当事者の意思に拘束されずに分割方法を決定できる**。しかし、**全共同相続人の合意**がない限り、相続分に反する分割はできない。

　具体的な分割の態様は、裁判官の裁量に委ねられている。たとえば、現物分割のほか、遺産を売却して換価分割することもできる。また、共同相続人の一人に遺産全部を承継させるが、同時にほかの相続人に対する債務を負担させて現物分割に代えることもできる。さらに、一定期間分割を禁止することもできる。

　なお、調停が不成立に終わった場合は、家庭裁判所の審判により分割がなされる。

(2) 分割の基準

　遺産分割は、遺言による相続分の指定があれば指定相続分で、指定がなければ原則として法定相続分で、さらに特別受益者や寄与分権利者がいれば、これらを考慮したうえで行う必要がある。また、遺産分割にあたっては、**遺産に属する物または権利の種類および性質、各相続人の年齢、職業、心身の状態および生活の状況その他いっさいの事情を考慮すべきである**と民法で定められている。

　現実の財産分割方法には、次の方法がある。

①　現物分割

　個別特定財産について、相続する数量、金額、割合を定めて分割する方法である。

②　換価分割

　共同相続人が相続によって取得した財産の全部または一部を金銭に換価し、その換価代金を分割する方法である。

③　代償分割

　共同相続人のうち特定の者が被相続人の遺産を取得し、その代償としてその者が自己の固有財産をほかの相続人に支払う方法である。たとえば、被相続人の遺産の主なものが住宅だけで物理的に分割困難であるとか、または被相続人の事業承継が共同相続人に細分化できないなどの事情がある場合に行われることが多い。

　なお、**代償分割によって取得した代償財産**は被相続人から承継取得をしたものではないが、遺産の分割協議により発生した債権に基づいて取得することから、実質的には相続によって取得したのと同様であるため、**相続税の課税対象**となる。代償財産として渡したものが現金ではなく、**土地または家屋のように譲渡所得の課税対象となる資産**であるときは、

その代償財産を交付した者に対して**譲渡所得税**が課される。

代償分割は、遺産分割の一方法であるため、相続財産の分割の場合以外は相続税の課税対象とならない。たとえば、遺産分割が完了した後、分け前の少なかったほかの相続人に現金を渡した場合は贈与となり、贈与税が課される。

(3) 遺産分割協議書

遺産分割が終わり、各相続人が取得すべき財産が確定したら、後日の紛争予防のため、**遺産分割協議書**を作成して証拠資料として残しておくべきである。

分割協議書は、特に**定められた形式はないが**、相続人全員が署名・捺印することを必要とする。捺印は、印鑑登録済みの実印を用いたほうがよい。

相続登記を行う場合は、分割協議書には各相続人の実印を捺印したうえ、全員の印鑑証明書を添付しなければならない。通常は、相続人全員が一堂に会して協議し、合意結果を協議書にまとめるが、あらかじめ1人の相続人が協議書を作成し、ほかの相続人が順次これに署名・捺印して作成する方法でもかまわない。そのほか、合意結果が正確に記載されている限り、作成の方法は問わない。

遺産分割協議書に全員が異議なく署名・捺印したときには、遺産分割協議は完全に終了する。特別な事情がない限り、再分割等の請求はできない。（判例は、代償分割の債務不履行を理由とする遺産分割協議の解除を認めないが、相続全員の合意による解除はできると解されているのが一般的である（老親を扶養する条件で不動産を単独相続させた事例））。また、いったん協議が成立した以上、協議分割の内容に不服が生じても、調停や審判による分割を請求することはできない。

ただし、ある相続人について、錯誤や、第三者の強迫、ほかの共同相続人の詐欺によって、遺産分割の合意をした等の事情がある場合は、その相続人は遺産分割協議を無効または取り消すことができる（たとえば遺産分割無効確認の訴えを提起する等）。また、判例は、共同相続人全員の合意により、すでに成立した遺産分割協議を解除し、改めて遺産分割協議を行うことを認めている。

(4) 遺産分割前の預貯金の払戻し

① 概要

相続人が被相続人の預貯金の払戻しを受ける場合、**家庭裁判所の判断を経ないで預貯金の払戻しを認める**。

②　家庭裁判所の判断を経ないで払戻しを受けることができる額

　各共同相続人は、遺産に属する預貯金債権のうち、相続開始時点での残高の**3分の1**に法定相続分を乗じた額の払戻しを受けることができる。なお、1金融機関当たりの上限額は**150万円**である（複数の金融機関に被相続人の口座がある場合はその分だけ上限額が増えることになる）〔図表1-4〕。

③　払戻しを受けた預貯金の取扱い

　払戻しを受けた相続人が、遺産の一部の分割によりこれを取得したものとみなされる。

〔図表1-4〕遺産分割前の預貯金の払戻し

【家庭裁判所の判断を経ない預貯金の払戻しの具体例】

150万円（※1）　A銀行（預金額2,400万円）

※法定相続分は4分の1の者が葬儀費用の払戻しを受けたい場合

100万円（※2）　B信金（預金額1,200万円）

（※1）2,400万円×3分の1×4分の1＝200万円→1金融機関当たり上限額150万円を上回るので、払戻しを受けることができるのは150万円
（※2）1,200万円×3分の1×4分の1＝100万円→1金融機関当たり上限額150万円を下回り、100万円全部の払戻しを受けることができる

実務上のポイント

- 相続人が配偶者と直系尊属の場合、法定相続分は配偶者が3分の2、直系尊属が3分の1となる。
- 共同相続人のなかに被相続人から特別受益を受けた者がいる場合には、被相続人が相続開始時において有した財産の価額に、その特別受益の相続開始時の価額を加えたものを相続財産とみなす。
- 自己のために相続があったことを知った時から3カ月以内に限定承認または放棄をしなかったときは、単純承認をしたものとみなす。
- 限定承認は、放棄した者を除く相続人全員が家庭裁判所へ申述しなければならない。
- 限定承認を行うには、自己のために相続があったことを知った時から3カ月以内に、放棄した者を除く相続人全員が家庭裁判所へ申述しなければならない。
- 代償分割により受け取った財産を、代償財産としてほかの相続人に渡したものが土地や家屋のように譲渡所得の課税対象となる資産であるときは、その交付した者に対して譲渡所得税が課される。

第5節 遺言

1 遺言の効力

　遺言とは、遺言者（被相続人）の死亡後の法律関係を定める最終意思の表示である。遺言者の死亡により、その法律効果が発生する。したがって、自分の死後に相続をめぐるトラブルが起こらないようにしたいときなどには、遺言の作成が有効である。

　遺言の作成は、**満15歳以上**で、かつ意思能力のある者に認められている。

　遺言によってなしうる事項（**遺言事項**）は以下のとおりである。遺言事項は限定的に定められており、以下の事項以外の事項について記載しても、法律上は無効である。また、下記①、②の事項のうち、①のb、d、e、f、g、i、j、②のbは、遺言でしかなし得ない。その他の事項は生前行為でもなしうる。

① **相続および財産処分に関する事項**
　a．相続人の廃除およびその取消し
　b．相続分の指定および指定の委託
　c．特別受益者の持戻しの免除
　d．遺産分割方法の指定および指定の委託
　e．遺産分割の禁止
　f．相続人担保責任の指定
　g．遺贈
　h．一般財団法人の設立
　i．遺贈負担方法の指定
　j．遺言執行者の指定および指定の委託
　k．信託の設定

② **身分上の事項**
　a．認知

ｂ．未成年後見人・未成年後見監督人の指定

② 遺言の方式と要件

遺言は被相続人の死後にその効力が生ずるものであるため、遺言者の意思がそのまま実現されるように、また、偽造、変造などの問題が発生しないように、民法上、厳格な方式が求められている（これを要式行為という）。

遺言には、〔図表 1 － 5〕に示すように普通方式遺言と特別方式遺言の 2 種類がある。このうち一般的な遺言は普通方式遺言であり、そのなかでも自筆証書遺言と公正証書遺言が多用される。 3 種の普通方式遺言をまとめると、〔図表 1 － 6〕のとおりとなる。

〔図表 1 － 5〕遺言の種類

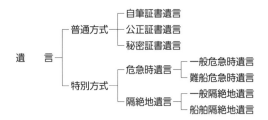

(1) 自筆証書遺言

自筆証書遺言は、遺言者が、遺言書の全文、日付および氏名を自筆し、これに押印することによって成立するものであり、証人、立会人は不要である。普通方式の 3 種類の方式のうち作成手続は最も簡単であり、費用もかからない。遺言書は自分で作成でき、証人も必要としないことから、遺言の存在、内容を秘密にしておくことができる。

ただし、字が書けない者はこの遺言書を作成できない。また、自分で作成するために法定要式を欠き無効となる場合が多い。さらに遺言書の紛失・偽造・変造・隠匿等の危険があるという短所がある。以下、各要件について検討する。

① 本文自書

自筆証書遺言は、原則として遺言書の全文を遺言者が自筆で表示しなければならないが、財産目録については、自書を要しない。

第1章

〔図表1－6〕 3種の普通方式の比較

	自筆証書遺言	公正証書遺言	秘密証書遺言
全文の筆者	本　人	公証人	制限なし
署名・押印	本　人	本　人 証　人 公証人	本　人 封紙には本人、公証人、証人
証人(※1)・立会人の要否	不　要	公証人 および 証人2人以上	公証人1人 および 証人2人以上
検認(※2)の要否	要	不　要	要
長所・短所	①秘密の保持ができる ②手続が簡便である ③内容が不明確になる場合がある ④紛失・偽造・変造等の危険がある ⑤自書または署名のできない者は作成できない	①内容が明確である ②紛失・偽造・変造等の危険がない ③秘密が漏れる危険がある ④手続が煩雑で費用がかかる	①遺言内容について秘密の保持ができる ②紛失・偽造・変造等の危険は自筆証書ほどない ③署名ができない者は作成できない ④自筆証書と公正証書の長所短所の折衷したものといえる

(※1)　証人となりうる者
　証人には行為能力（未成年、成年被後見人および被保佐人ではないこと）が要求される。また、遺言の内容を知る立場にある以上、遺言者や公証人と利害関係があってはならない。したがって、未成年者、推定相続人および受遺者ならびにこれらの配偶者および直系血族、公証人の配偶者、4親等内の親族、書記および雇人は証人となることはできない。
(※2)　検認
　遺言者が亡くなったときは、遺言書の保管者または発見した相続人は、これを家庭裁判所に提出し、検認の手続を受けなければならない。検認手続は、遺言書が法定の条件を満たしているか否かのみを確認する形式的な手続で、その内容が正しいか否かの判断は行わない。この検認が済むと、遺言の内容を実行に移すことになる。なお、公正証書遺言は公証人役場に保存され、その形式・態様とも明確であり、偽造・変造されるおそれもないから、検認の手続も必要ない。

②　日付

　作成年月日のない遺言書は無効である。日付の記載を要求することで遺言の成立時期が明確になり、作成時の遺言能力が判断できるし、また複数の遺言がある場合にその先後関係が判断できるからである。

　したがって、年月だけで日付の記載のないものは無効である。また、たとえば、自筆証書遺言の日付として「昭和四拾壱年七月吉日」と記載された証書は、民法に定める日付の記載を欠くものとして無効である（昭和54年5月31日最高裁判決）。日付は必ずしも暦日を記す必要はなく、遺言作成の日が明瞭になればよい。なお、遺言書の日付は必ずしも遺言書本文に記載する必要はなく、これを封筒に入れ、封印のうえ、その封筒に日付が自書してあるものでさしつかえない。

③ 氏名

氏名の自書は、遺言者がだれであるか、および遺言が遺言者本人の意思に基づくものであるかを明らかにするために要求される。

氏名は、通称でもかまわず、単に氏または名を自書するだけでも、本人の同一性が認識できればよいと解されている。しかし、まったく氏名のないものは、その筆跡から本人の自筆であることが立証できたとしても無効である。

④ 押印

押印が要求される理由も、氏名の場合と同じである。押印は遺言者自身の印であることが必要である。印は実印でなくても、認印でも拇印でもよい。

⑤ 加除訂正

遺言書は、加除訂正することができるが、遺言書中の字句を訂正したり、文字を加除したりした場合には、偽造または変造ではないことを明らかにするために、訂正加除の事実および箇所が確証されなければならない。

民法は、「加除その他の変更」には必ず遺言者が変更の場所を指示し、これを変更した旨を付記して特にこれに署名し、かつ、変更した場所に押印しなければならないとしている。したがって、以上の方式によらない加除訂正は無効である。

⑥ 保管

自筆証書遺言は、火災や盗難などに耐え得る場所（銀行の貸金庫など）に保管し、遺言書の保管場所を明示しておくことが必要である。本人や配偶者、その他の相続人の保管に代え、弁護士や信託銀行などに保管を依頼することもできる。

封印のある遺言書は、家庭裁判所において相続人またはその代理人の立会いがなければ、開封することができない。そのため、封書に開封を禁ずる旨および家庭裁判所の検認手続を要する旨を記載しておくとよい。なお、検認は、遺言書の偽造・変造を防止する手続であるが、遺言書の有効性とは何ら関係ない。

(2) 法務局における遺言書の保管

① 概要

「法務局における遺言書の保管等に関する法律」により、**法務局に自筆証書遺言を保管**してもらうことができる。法務局における保管の対象になるのは**自筆証書遺言（無封）**に限られる。遺言者は、遺言者の住所地や本籍地、あるいは所有不動産の所在地を管轄する法務局に自ら出頭し、遺言書の保管の申請を行う必要がある。保管の申請がされた際には、遺言書保管官（法務局の職員）は当該遺言が民法上の方式に適合しているか否かの審査を

行う。

② 遺言書の検認の適用外

　法務局で保管されている遺言書については、家庭裁判所による遺言書の検認は不要となった。

(3) 公正証書遺言

　公正証書遺言は、証人2人以上の立会いを得て遺言者が公証人に遺言の趣旨を口授し、公証人がこれを筆記して遺言者および証人に読み聞かせ、遺言者および証人が筆記の正確なことを承認したあと各自が署名・押印し、さらに公証人が方式に従って作成された旨を付記して署名・押印する方式の遺言である。

　公正証書遺言は、遺言書原本が公証人によって筆記・保管されるため、紛失・偽造・変造・隠匿等の危険はなく、最も安全確実な遺言であるという長所がある（通常、正本、謄本が遺言者に手渡される）。他方、費用がかかること、手続が複雑であること、公証人および証人を必要とするため遺言の存在および内容を秘密にできない可能性があることなどが短所である。なお、公正証書遺言の場合、偽造・変造されるおそれがないため、検認は不要である。

(4) 秘密証書遺言

　秘密証書遺言は、遺言したという事実を明確にしたいが、生前に内容を知られたくない場合に利用される。

　秘密証書遺言は、遺言の存在を明確にしつつ内容を秘密にでき、偽造のおそれが少なく、署名ができれば（自筆証書遺言のような）全文自署の必要がない等の長所がある。他方、手続が複雑であること、公証人および証人を必要とするため、少なくとも遺言の存在を秘密にしておくことはできない可能性があるという短所がある。なお、費用は公正証書遺言より安い。

❸ 遺言の撤回

　遺言は、遺言者（被相続人）の最終意思を尊重する制度であるから、遺言者がいったん遺言書を作っても、撤回したければ自由にいつでも、その全部または一部を撤回することができる。

遺言の撤回は自由にできるが、それは原則として前述の遺言の方式によらなければならない。**先に作成した遺言と同じ方式である必要はない。**公正証書遺言を後で自筆証書遺言または特別の方式で撤回してもさしつかえない。

撤回とみなされる行為

遺言者が遺言の趣旨と抵触する一定の行為をした場合には、抵触した部分は撤回したものとみなされる。これに該当するのは、次の4つの場合である。

- **前の遺言と後の遺言が抵触する部分**は撤回したものとみなされる。
- 遺言者が、**遺言をした後に、その内容と抵触する生前処分**その他の法律行為をした場合、その抵触した部分は撤回したものとみなされる。
- 遺言者が**故意に遺言書を破棄**したときは、その破棄した部分については、撤回したものとみなされる。
- 遺言者が遺贈の目的物を故意に破棄したときは、その目的物については、遺言を撤回したものとみなされる。

なお、**公正証書遺言**の場合は原本が公証人役場に保管されているから、**遺言者が正本を破棄しても撤回の効力は生じない。**

④ 遺贈の効力

遺贈とは、遺言による財産の無償供与のことをいう。

遺贈には、**包括遺贈**と**特定遺贈**がある。前者は、相続財産の全部または割合で示された部分の遺贈であり、後者は、相続財産中の指定された特定の財産を目的とするものをいう。

受遺者は、遺言者たる**被相続人が死亡したとき**（すなわち遺言の効力が発生したとき）**に生存している必要がある。**万一生存していなければ、遺贈は無効になる（受遺者に対する代襲相続は生じない）。

受遺者は、自然人のほか、胎児、法人も適格者となる。

また、遺言書に「特定の財産を特定の相続人に相続させる」と表記する場合と、「特定の財産を特定の相続人に遺贈する」と表記する場合では、次のような違いがあり、一般的には「相続させる」と記載する。

- 所有権移転登記手続において、「遺贈する」とした場合はほかの共同相続人と共同申請しなければならないが、「相続させる」とした場合は単独で申請ができる。

- 遺産が不動産賃借権で、相続人が借地権、借家権を相続する場合、「相続させる」とした場合には賃貸人の承諾は不要である。

5 遺言執行者

遺言執行者

遺言執行者とは、遺言の執行のために指定または選任された者をいう。

遺言執行者は、遺言者の遺言または遺言で指定の委託を受けた者の指定によって決定するほか、利害関係人の請求で家庭裁判所が選任する場合もある。

通常は弁護士が遺言執行者に就任する場合が多いが、遺言信託を受けた信託銀行が遺言執行者に就任する場合もまれではない。遺言者は、遺言で1人または数人の遺言執行者を指定することもできる。なお、**未成年者**や破産者は、遺言執行者となることは**できない**。

遺言執行者の具体的な業務は、相続財産の財産目録の作成、相続財産の管理その他遺言の執行に必要ないっさいの行為（たとえば所有権移転登記をすること、訴訟の当事者となること）等が挙げられる。なお、遺言執行者がその任務を怠ったとき、その他正当な事由があるときは、相続人等の利害関係人は、その解任を家庭裁判所に請求することができる。また、遺言執行者は、正当な事由があるときは、家庭裁判所の許可を得て、その任務を辞することができる。

6 遺留分

(1) 遺留分制度の趣旨

遺言者は、遺言により共同相続人の相続分を指定したり、遺贈により相続財産を特定の者に与えることが自由にできる（**遺言自由の原則**）。しかし、遺言で財産の処分を無制限に認めると、被相続人の遺族（相続人）の生活が保障されなくなる可能性がある。そこで民法は、遺言に優先して、相続人のために残しておくべき最少限度の財産の割合を定めている（遺言自由の原則と、相続人の生活保障機能との調和）。これが遺留分の制度である。

(2) 遺留分権者

遺留分は、相続人のうち、配偶者、直系卑属（その代襲相続人）および直系尊属に認められ（以上を**遺留分権者**という）、**兄弟姉妹には認められない**。

(3) 遺留分の放棄

遺留分権者は、被相続人の**生前**に、遺留分を主張しないという意思表示を行うことができるが、遺留分の放棄をするためには**家庭裁判所の許可**が必要である。しかも、生前の遺留分放棄者は、相続に関する権利のうち、遺留分に関する権利を放棄するだけであって、**相続人としての地位などそれ以外の権利は喪失しない**。

したがって、遺留分を放棄した遺留分権者にいっさいの財産を渡さないようにするためには、被相続人は、当該遺留分権者の持分をゼロにする旨の遺言を作成する必要がある。

(4) 遺留分算定の基礎となる財産

遺留分算定の基礎となる財産は、被相続人が**相続開始の際に有した財産の価額**に、その**贈与した財産の価額**を加え、そのなかから**債務の全額**を控除して算定する。この場合の贈与財産の価額は、原則として**相続開始時点**の評価額による。

加算する贈与は、**相続人に対する贈与は相続開始前10年間**にした特別受益、**それ以外の者への贈与は相続開始前1年間**にしたものである。

(5) 遺留分の割合

遺留分は、相続人が**直系尊属のみ**の場合は、遺留分算定の基礎となる財産の**3分の1**、その他の場合は全財産の**2分の1**である。

たとえば、相続人が妻と2人の子である場合は、妻の遺留分は　4分の1（$\frac{1}{2} \times \frac{1}{2}$）であり、子の遺留分は1人につき　8分の1（$\frac{1}{2} \times \frac{1}{2} \times \frac{1}{2}$）である。

(6) 遺留分の侵害

遺言による相続分の指定または遺贈もしくは生前の贈与によって遺留分が侵害された場合でも、それが当然に無効になるわけではない。遺留分をもつ相続人（遺留分権者）およびその承継人（相続分譲受人など）は、**遺留分侵害額請求権**により、遺留分侵害額に相当する**金銭の請求**をすることができる。

遺留分侵害額請求権は、裁判で請求する必要はなく、遺留分を侵害する者に対する遺留

分侵害の意思表示で足りる（通常は内容証明郵便で行う）。

(7) 遺留分侵害額請求権の消滅

　遺留分権者は、相続の開始および侵害すべき贈与、遺贈があったことを**知った時**から**1年以内**、あるいは**相続の開始の時**から（知・不知を問わず）**10年**経過する前に遺留分侵害額請求権を行使しなければならない。期間が経過すると、遺留分侵害額請求権は消滅する。

❼ 遺留分に関する民法の特例

　「中小企業における経営の承継の円滑化に関する法律」（経営承継円滑化法）における**遺留分に関する民法の特例**とは、後継者が旧代表者から特例中小企業者の取引相場のない株式、いわゆる自社株式等の贈与を受けた場合、後継者を含めた旧代表者の推定相続人全員（遺留分を有する者に限る）と**書面**により合意する。

　なお、特例の対象とする自社株式等は、贈与株式の全部でも一部でもよく、2つの特例を組み合わせてもよい。ただし、後継者が所有する自社株式等のうち特例対象以外の**自社株式等の議決権数**が、総議決権数の**50％超**となる場合は特例が**適用されない**〔図表1－7〕。

〔図表1－7〕特例が受けられないケース

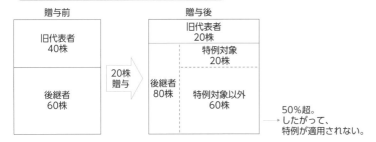

(1) 遺留分に関する特例の内容

① 贈与株式等を遺留分算定基礎財産から除外（除外合意）

　後継者が旧代表者からの贈与等により取得した自社株式等は、その贈与がいつ行われたものであっても、遺留分侵害額請求の対象となる可能性がある。

　しかし、当該自社株式等を除外合意の対象とすれば、当該自社株式等は**遺留分算定基礎**

財産に算入されず、遺留分侵害額請求の対象にもならない。

② 贈与株式等の評価額をあらかじめ固定（固定合意）

遺留分算定基礎財産に算入する価額は、原則として、相続開始時点の評価額によるため、贈与後の後継者の努力による株価上昇分が遺留分算定基礎財産の価額に反映され、経営意欲を欠く結果となることがある。

しかし、当該自社株式等を固定合意の対象とすれば、遺留分算定基礎財産の価額を合意時点の評価額とすることができ、後継者の貢献による株価上昇分が遺留分算定基礎財産の価額に算入されない。なお、この場合の評価額は、弁護士、弁護士法人、公認会計士、監査法人、税理士または税理士法人が証明した評価額による。

③ 自社株式等以外の財産も遺留分算定基礎財産から除外

上記①②を行う際に、自社株式等以外の財産についても遺留分算定基礎財産から除外することができる。これにより、後継者以外の推定相続人への生前贈与についてバランスをとることが可能となる。ただし、贈与財産の価額を固定することはできない。

(2) 特例中小企業者

次の要件を満たしている中小企業者のうち、合意時点において3年以上継続して事業を行っている非上場会社をいう。

業　種	資本金または従業員数	
製造業・建設業・運輸業その他	3億円以下	300人以下
卸売業	1億円以下	100人以下
サービス業	5,000万円以下	100人以下
小売業	5,000万円以下	50人以下
ゴム製品製造業 (※)	3億円以下	900人以下
ソフトウェア業または情報処理サービス業	3億円以下	300人以下
旅館業	5,000万円以下	200人以下

(※) 自動車または航空機用タイヤおよびチューブ製造業ならびに工業用ベルト製造業を除く。

① 旧代表者の要件

- 特例中小企業者の過去または合意時点において会社の代表者であること

② 後継者の要件

- 合意時点において特例中小企業者の代表者であること
- 旧代表者から特例中小企業者の株式等を贈与等により取得した者であること
- 特例中小企業者の総株主の議決権の過半数を有すること

- 2016年3月31日以前の合意は、旧代表者の兄弟姉妹以外の推定相続人に限る（2016年4月1日以後に合意したものから、推定相続人以外も対象）

(3) 手続

① 合意書の作成

旧代表者の推定相続人全員（遺留分を有する者に限る）および後継者で合意をし、所定の事項を記載した合意書を作成する。

② 経済産業大臣の確認

後継者は、上記①の合意をした日から**1カ月以内**に「遺留分に関する民法の特例に係る確認申請書」に必要書類を添付して経済産業大臣に申請をし、経済産業大臣の確認を受ける。

③ 家庭裁判所の許可

経済産業大臣の「確認書」の交付を受けた後継者は、確認を受けた日から**1カ月以内**に「申立書」に必要書類を添付して旧代表者の住所地を管轄する家庭裁判所に申立てをし、家庭裁判所の許可を受ける。

実務上のポイント

- 公正証書遺言は検認が不要である。
- 未成年者、推定相続人および受遺者ならびにこれらの配偶者および直系血族は遺言の証人となることができない。
- 前の遺言と後の遺言が抵触する部分は、前の遺言は撤回したものとみなされる。
- 受遺者は、遺言者たる被相続人が死亡したとき（すなわち遺言の効力が発生したとき）に生存している必要がある。万一生存していなければ、遺贈は無効になる。
- 遺留分は、相続人のうち配偶者、直系卑属（その代襲相続人）および直系尊属に認められ、兄弟姉妹には認められない。
- 遺留分に関する民法の特例として、当該自社株式等を固定合意の対象とすれば、遺留分算定基礎財産の価額を合意時点の評価額とすることができる。
- 公正証書遺言の場合は原本が公証人役場に保管されているから、遺言者が正本を破棄しても撤回の効力は生じない。
- 遺留分に関する民法の特例では、特例中小企業者の後継者の要件として、合意時点において特例中小企業者の代表者であること、現経営者からの贈与等により株式を取得することにより、特例中小企業者の総株主の議決権の過半数を有することなどがある。
- 遺留分に関する民法の特例では、後継者は、推定相続人全員の合意をした日から1カ月以内に所定の申請書を経済産業大臣に申請し、確認を受けなければならない。その後、旧代表者の住所地を管轄する家庭裁判所に申立てをし、家庭裁判所の許可を受けなければならない。

成年後見制度

　成年後見制度とは、心身の障害により事理弁識能力に欠ける成年者に通常の生活を営むための援助を提供する制度をいう。成年後見制度には法定後見制度（後見、保佐、補助）〔図表1－8〕および任意後見制度がある。

❶ 後見

　後見は、従来の禁治産制度を基にしており、「精神上の障害により事理を弁識する能力を欠く常況にあること」が開始の要件であること、日常生活に関する行為以外は成年後見人が代理することは従来の制度と共通するが、以下の点が異なる。

- 制度対象者の名称を「禁治産者」から「成年被後見人」と改めたこと
- 日常生活に関する行為を本人が単独で有効になし得るようにし、また成年被後見人の身上配慮義務、意思尊重義務が規定されたこと
- 配偶者後見人制度が廃止されたこと
- 後見開始の請求権者が、従来の**本人**、**配偶者**、4親等内の親族、**検察官**に加え、**市町村長**等が加えられたこと
- **複数**成年後見人・**法人**成年後見人が認められたこと

なお、成年後見人に選任された者は、速やかに成年被後見人の資産や収入等を調査して成年被後見人のための財産管理計画を立案し、財産目録および年間収支予定表を作成し、その内容を証明する書類（預金通帳の写し等）とともに、通常、審判から2カ月後までに家庭裁判所に提出しなければならない。

〔図表1-8〕後見・保佐・補助の制度の概要

<table>
<tr><th colspan="2"></th><th>後見開始の審判</th><th>保佐開始の審判</th><th>補助開始の審判</th></tr>
<tr><td>要件</td><td>〈対象者〉
（判断能力）</td><td>精神上の障害により事理を弁識する能力を欠く常況に在る者</td><td>精神上の障害により事理を弁識する能力が著しく不十分な者</td><td>精神上の障害（認知症・知的障害・精神障害等）により事理を弁識する能力が不十分な者</td></tr>
<tr><td rowspan="2">開始の手続</td><td>申立権者</td><td colspan="3">本人、配偶者、4親等内の親族、検察官、市町村長等（整備法）
任意後見受任者、任意後見人、任意後見監督人（任意後見契約法）</td></tr>
<tr><td>本人の同意</td><td>不　要</td><td>不　要</td><td>必　要</td></tr>
<tr><td rowspan="3">機関の名称</td><td>本人</td><td>成年被後見人</td><td>被保佐人</td><td>被補助人</td></tr>
<tr><td>保護者</td><td>成年後見人</td><td>保佐人</td><td>補助人</td></tr>
<tr><td>監督人</td><td>成年後見監督人</td><td>保佐監督人</td><td>補助監督人</td></tr>
<tr><td rowspan="3">同意権・取消権</td><td>付与の対象</td><td>日常生活に関する行為以外の行為</td><td>民法13条1項各号所定の行為</td><td>申立ての範囲内で家庭裁判所が定める「特定の法律行為」</td></tr>
<tr><td>付与の手続</td><td>後見開始の審判</td><td>保佐開始の審判</td><td>補助開始の審判
＋同意権付与の審判
＋本人の同意</td></tr>
<tr><td>取消権者</td><td>本人・成年後見人</td><td>本人・保佐人</td><td>本人・補助人</td></tr>
<tr><td rowspan="3">代理権</td><td>付与の対象</td><td>財産に関するすべての法律行為</td><td>申立ての範囲内で家庭裁判所が定める「特定の法律行為」</td><td>同　左</td></tr>
<tr><td>付与の手続</td><td>後見開始の審判</td><td>保佐開始の審判
＋代理権付与の審判
＋本人の同意</td><td>補助開始の審判
＋代理権付与の審判
＋本人の同意</td></tr>
<tr><td>本人の同意</td><td>不　要</td><td>必　要</td><td>必　要</td></tr>
<tr><td>責務</td><td>身上配慮義務</td><td colspan="3">本人の心身の状態および生活の状況に配慮する義務</td></tr>
</table>

❷ 保佐

　保佐も従来の準禁治産制度を基にしており、「精神上の障害により事理を弁識する能力が著しく不十分であること」が開始の要件であることは従来の制度と共通するが、以下の点が異なる。

- 制度対象者の名称を「準禁治産者」から「被保佐人」と改めたこと
- 浪費者を対象から除外し、また保佐人の同意を要する行為に遺産分割協議等が含まれる旨明文化されたこと
- 保佐人に取消権を認め、また代理権を付与できるようになったこと
- 保佐後見開始の請求権者が、従来の本人、配偶者、4親等内の親族、検察官に加え、市町村長等が加えられたこと
- 複数保佐人・法人保佐人が認められたこと
- 保佐監督人の制度が新設されたこと

③ 補助

　補助は、新設された制度であり、精神上の障害のために事理を弁識する能力が不十分な者のなかで、後見や保佐の対象とならない程度に軽度な状態にある者（被保佐人よりも高い能力を持つ者）が対象となる。

　補助開始の請求権者が、本人、配偶者、4親等内の親族、検察官に加え、市町村長等が加えられていること、複数補助人・法人補助人が認められていること、補助監督人を選任できることは後見や保佐と同様である。

④ 任意後見

　任意後見は、任意後見法によって新設された制度である。本人が健常なうちに将来の判断能力の低下に備えて、契約によって選任した任意後見人に、事理弁識能力が低下した後の財産管理等に関する事務について代理権を付与し、その処理を委託する契約（任意後見契約）を締結するものである。

　同契約の特徴として、以下の点が挙げられる。

- 本人の真意による有効適切な契約であることを明確にするため、法務省令で定める様式の公正証書により行われること（要式行為）
- 本人の事理弁識能力が低下し、任意後見の開始する必要が生じた場合、任意後見人などが家庭裁判所に対して任意後見監督人の選任を請求し、同裁判所によって同監督人が選任された時点から任意後見契約の効力が生じること
- 複数の任意後見人・法人任意後見人も認められること
- 任意後見人は、本人の意思を尊重し、身上配慮義務を負うこと

⑤ 後見登記

　従来の禁治産者・準禁治産者は、いずれも戸籍に記載されていたが、戸籍への記載は廃止された。代わりに、本人ないし後見人と取引をする者の安全を図るため、後見登記等に関する法律（後見登記法）により、成年後見登記制度という公示制度が創設され、後見事

項が後見登記等ファイルに記録されることになった。

　なお、成年被後見人、被保佐人等の登記がされていないことを証明する「登記されていないことの証明書」を請求できるのは、原則、本人、本人から委任を受けた代理人、本人の配偶者または4親等内の親族とそれらの者から委託を受けた代理人に限られる。

実務上のポイント

- 成年後見人は、成年被後見人が自ら行った法律行為について、日用品の購入その他日常生活に関する行為を除き、取り消すことができる。
- 本人以外の者が後見等の開始の申立てを行う場合、後見および保佐については本人の同意は不要であるが、補助については本人の同意が必要である。
- 成年後見人に選任された者は、速やかに成年被後見人のための財産管理計画を立案し、財産目録および年間収支予定表を作成し、その内容を証明する書類（預金通帳の写し等）とともに、通常、審判から2カ月以内に家庭裁判所に提出しなければならない。
- 任意後見制度に関して、任意後見の開始する必要が生じた場合、任意後見人などが家庭裁判所に対して任意後見監督人の選任を請求し、同裁判所によって同監督人が選任された時点から任意後見契約の効力が生じる。

第 2 章

贈与と税金

第1節

贈与税の概要と計算

① 贈与税の基本事項

　贈与税は、1年間（1月1日から12月31日）に、個人が個人から贈与を受けた財産の価額の合計額から基礎控除額（110万円）を差し引き、その残額に税率〔図表2－1〕を掛けて計算する。

　その贈与を受けた財産の価額の合計額は、その年中に2人以上の人から贈与を受けた場合や同じ人から2回以上にわたり贈与を受けた場合には、それらの贈与を受けた財産の価額を合計した額となる。なお、人格のない社団等が個人とみなされて贈与税の納税義務者となる場合には、一般の個人とは異なり、贈与者ごとに贈与税額を計算し合計する。

〔図表2－1〕贈与税の速算表

贈与税額＝（A）×（B）－（C）

基礎控除額および配偶者控除後の課税価格（A）		特例贈与財産		一般贈与財産	
		税率（B）	控除額（C）	税率（B）	控除額（C）
	200万円以下	10%	－	10%	－
200万円超	300万円以下	15%	10万円	15%	10万円
300万円超	400万円以下			20%	25万円
400万円超	600万円以下	20%	30万円	30%	65万円
600万円超	1,000万円以下	30%	90万円	40%	125万円
1,000万円超	1,500万円以下	40%	190万円	45%	175万円
1,500万円超	3,000万円以下	45%	265万円	50%	250万円
3,000万円超	4,500万円以下	50%	415万円	55%	400万円
4,500万円超		55%	640万円		

❷ 贈与税額の計算（暦年課税）

　暦年課税による贈与税の税率は、**特例贈与財産**（贈与を受けた年の 1 月 1 日において18歳以上の者が直系尊属（父母・祖父母等）から贈与を受けた財産）と**一般贈与財産**（特例贈与財産以外の贈与財産）に区別して 2 種類の税率を使い分ける。

(1) 同一年中の贈与が特例贈与財産または一般贈与財産いずれか一方のみの場合

贈与税額

① 特例（または一般）贈与財産の価額－基礎控除額－配偶者控除額＝控除後の課税価格
　（※）　各贈与財産の価額＝本来の贈与財産＋みなし贈与財産－非課税財産
② 控除後の課税価格×特例（または一般）贈与財産に係る税率－控除額＝贈与税額

(2) 同一年中に特例贈与財産と一般贈与財産の両方の贈与を受けた場合

贈与税額

① 特例贈与財産の価額＋一般贈与財産の価額＝合計贈与価額
　（※）　各贈与財産の価額＝本来の贈与財産＋みなし贈与財産－非課税財産
② 合計贈与価額－配偶者控除額－基礎控除額＝控除後の課税価格
③ （控除後の課税価格×特例贈与財産に係る税率－控除額）× $\dfrac{特例贈与財産の価額}{合計贈与価額}$ ＝特例贈与の税額
④ （控除後の課税価格×一般贈与財産に係る税率－控除額）× $\dfrac{一般贈与財産の価額}{合計贈与価額}$ ＝一般贈与の税額
⑤ ③＋④＝贈与税額

例　題

Q:

次の①および②の場合について、納付すべき贈与税額はそれぞれいくらか。
① Aさん（25歳）が本年中に父から300万円、祖父から200万円の贈与を受けた場合
② Bさん（25歳）が本年中に父から300万円、叔父から200万円の贈与を受けた場合

A:

① Aさんが贈与を受けた財産はすべて特例贈与財産である。
　　{（300万円＋200万円）－110万円}×15％－10万円＝48.5万円
　　（※）　一般贈与財産のみの場合は適用税率が異なるだけで計算方法は同様
② Bさんが父から贈与を受けた財産は特例贈与財産であり、叔父から贈与を受けた財産は一般贈与財産である。
　　300万円＋200万円＝500万円
　　500万円－110万円＝390万円

$$（390万円×15％－10万円）\times \frac{300万円}{500万円}＝29.1万円$$

$$（390万円×20％－25万円）\times \frac{200万円}{500万円}＝21.2万円$$

　　29.1万円＋21.2万円＝50.3万円

③ 納税義務者

　贈与税の納税義務者は原則として個人（自然人）であるが、代表者または管理者の定めのある人格のない社団・財団（人格のない社団等）、持分の定めのない法人（一般社団法人および一般財団法人等）も個人（いわゆる、みなし個人）とみなして納税義務者となる場合がある。

　贈与税の納税義務者は、〔図表2－2〕のように区分される。

〔図表2－2〕贈与税の納税義務の判定

A：居住無制限納税義務者　…国内国外すべての財産に課税
B：非居住無制限納税義務者…国内国外すべての財産に課税
C：居住制限納税義務者　　…国内財産のみ課税
D：非居住制限納税義務者　…国内財産のみ課税

受贈者 贈与者	国内に住所あり		国内に住所なし			
				日本国籍あり		日本国籍なし
		一時居住者		10年以内に 国内住所あり	10年以内に 国内住所なし	
国内に住所あり	A	A		B	B	B
外国人贈与者 (※2)	A	C		B	D	D
国内に住所なし　10年以内に 国内住所あり	A	A		B	B	B (※1)
非居住贈与者①	A	C		B	D	D
10年以内に 国内に住所なし 非居住贈与者②	A	C		B	D	D

2015年7月1日以降に「国外転出時課税の納税猶予の特例」の適用を受けていたときは、贈与者が贈与前10年以内に「国内住所なし」でも、国外財産が課税対象に含まれる場合がある。

（※1）　この区分について、一部条件付きで国内財産のみが課税対象となる場合がある。
（※2）　就労等のために日本に居住する外国人（居住期間を問わない）に係る贈与については、国外に居住する外国人や日本に短期的に滞在する外国人が受贈者として取得する国外財産について、贈与税の課税対象としない。

（1） 無制限納税義務者

　次の居住無制限納税義務者および非居住無制限納税義務者が取得した財産は、国内財産はもちろん、国外財産についても贈与税の課税対象となる。

① 居住無制限納税義務者

　贈与により財産を取得した次に掲げる者で、その財産を取得した時において**日本国内に住所を有する者**をいう。

　a．**一時居住者でない個人**

　b．一時居住者である個人（その贈与者が外国人贈与者または非居住贈与者である場合を除く）

　　● 一時居住者とは、贈与の時において在留資格を有する者で、その贈与前15年以内に日本国内に住所を有していた期間の合計が10年以下である者をいう。

　　● 外国人贈与者とは、贈与の時において在留資格を有し、かつ、日本国内に住所を有していた贈与者をいう。

　　● 非居住贈与者とは、贈与の時において日本国内に住所を有していなかった贈与者で、

①その贈与前10年以内に日本国内に住所を有したことがある者のうちその贈与前15年以内に日本国内に住所を有していた期間の合計が10年以下である者（この期間引き続き日本国籍を有していなかった者に限る）、または、②その贈与前10年以内に日本国内に住所を有したことがない者をいう。

② 非居住無制限納税義務者

贈与により財産を取得した次に掲げる者で、その財産を取得した時において日本国内に住所を有しない者をいう。

a．日本国籍を有する個人で次に掲げる者
- その贈与前10年以内のいずれかの時において日本国内に住所を有していたことがある者
- その贈与前10年以内のいずれの時においても日本国内に住所を有していたことがない者（その贈与者が外国人贈与者または非居住贈与者である場合を除く）

b．日本国籍を有しない個人（その贈与者が外国人贈与者または非居住贈与者である場合を除く）

（2）制限納税義務者

次の居住制限納税義務者および非居住制限納税義務者が取得した財産は、国内財産が贈与税の課税対象となり、国外財産は課税対象とならない。

① 居住制限納税義務者

贈与により日本国内にある財産を取得した個人で、その財産を取得した時において日本国内に住所を有する者のうち、居住無制限納税義務者に該当しない者をいう。

② 非居住制限納税義務者

贈与により日本国内にある財産を取得した個人で、その財産を取得した時において日本国内に住所を有しない者のうち、非居住無制限納税義務者に該当しない者をいう。

なお、2018年4月1日以後の贈与において、その贈与の時において国外に住所を有する日本国籍を有しない者等が、国内に住所を有しないこととなった時前15年以内において国内に住所を有していた期間の合計が10年を超える贈与者（その期間引き続き日本国籍を有していなかった者であって、その贈与の時において国内に住所を有していない者に限る）から贈与により取得する国外財産については、贈与税を課さないこととするとされた。ただし、その贈与者が、国内に住所を有しないこととなった日から同日以後2年を経過する日までの間に国外財産を贈与した場合において、同日までに再び国内に住所を有することとなったときにおけるその国外財産に係る贈与税については、この限りでない。

❹ 課税財産と非課税財産

（1）贈与税が課される財産

　贈与税の課税対象となる財産は、贈与によって取得した財産、および贈与によって取得したとみなされる財産である。なお、特殊な形態の贈与に、定期贈与、負担付贈与、死因贈与があるが（第1章第3節参照）、このうち死因贈与については相続税の課税対象となる。

（2）贈与によって取得した財産（本来の贈与財産）

　贈与によって取得した財産とは、「あげましょう」「もらいましょう」という当事者間の約束により取得した土地、家屋、立木、事業（農業）用財産、有価証券、家庭用財産、貴金属、宝石、書画・骨とう、預貯金、現金などのいっさいの財産である。また、営業権など法律上の根拠を有しないが経済的価値が認められるものも含まれる。このうち、贈与税が課せられる財産は、贈与によって取得した金銭に見積もることができる経済的価値のある財産のすべてである。

　次の場合も、これに該当する。

- 無償で不動産や有価証券などの財産の名義を変更した場合
- 買い入れた不動産や有価証券などの財産の名義を他人名義にした場合
- 子や孫が家屋を取得するために親や祖父母から資金の援助を受けた場合

（3）贈与によって取得したとみなされる財産（みなし贈与財産）

① 委託者以外の者を受益者とする信託の効力が生じた場合

　a．委託者以外の者が受益者である場合の信託受益権

　b．信託財産の受益者が変更されたとき、一定の要件に該当することになった場合の信託受益権

② 保険料を負担した者以外の者が保険金を受け取った場合

次の金額が贈与税の課税対象となる。

贈与税の課税対象となる保険金額

$$\text{保険金受取人が取得した生命保険金} \times \frac{\text{被相続人および保険金受取人以外の者が負担した保険料の金額}}{\text{満期までに払い込まれた保険料の全額}}$$

生命保険契約が解除され返還金を受け取った場合において、保険料の全部または一部が受取人以外の者によって負担されているときも同様に取り扱われる。

③ **掛金や保険料を負担した者以外の者が定期金の給付を受け取る場合**

④ **低額譲受け**

贈与とは財産を無償で与えることであるが、時価に比べて著しく低い価額で財産を譲り受けた場合には、**その財産の時価と支払った対価との差額**は、実質的に贈与を受けたのと同じ性格をもっているので、譲渡のあったときに贈与があったものとみなされる。

ここでいう時価とは、原則として相続税評価額である。ただし、土地建物等については通常の取引価額（注）、上場株式についてはその日の終値となる。また、同時に数個の物件を譲り受けた場合は個々の物件ごとではなく、全部ひとまとめにして、著しく低い対価かどうかを判定する。

なお、資力を喪失して債務の弁済が困難になっている者が、債務の弁済に充てる目的でその扶養義務者から著しく低い対価で財産を譲り受けた場合は、その債務を弁済することが困難である部分については贈与を受けたとはみなされない。

注 ただし、相続税評価額での親族への土地譲渡について、相続税評価額は「著しく低い価額」には当たらないとして、これをみなし贈与とした国の課税処分を取り消した判例（2007年8月23日東京地裁判決で一審にて確定）がある。

⑤ **債務の免除等による利益を受けた場合**

債務者が対価を支払わないで、または著しく低い対価の支払で債務の免除を受けた場合、または第三者が債務を弁済した場合などは、債務免除によって債務を消滅してくれた者から贈与があったものとみなされる。ただし、債務者が資力を喪失して債務を弁済することが困難である場合には、その債務を弁済することが困難である部分についてはその扶養親族等が弁済した場合などの債務免除益は贈与を受けたとはみなされない。

⑥ **その他の経済的な利益を受けた場合**

a．親子・夫婦間の金銭貸借

親子・夫婦といった親族間で金銭の貸借が行われた場合、それが形式上貸借という要件を備えていても、実質的に贈与である場合は贈与税が課される。実質的に贈与かどうかは借入金の返済状況等により判断される。すなわち、実質上も貸借と認められるためには、借入者の所得状況から判断して返済可能な範囲の金額で、返済条件のもとに返済が履行されていなければならない。

なお、無利子あるいは低利子の借入の場合は、通常の金利との差額について贈与を受けたものとして贈与税の課税対象とされる。しかし、金額的に少額である場合や課税上

弊害がないと認められる場合には、課税しなくてもよい扱いになっている。

b．財産の名義変更

　不動産、株式等の名義変更があった場合で、対価の授受が行われていないとき、または他人名義で不動産、株式等を取得した場合は、原則として贈与があったものとして贈与税が課される。ただし、次のような場合で最初の贈与税の申告時期までに実質的な取得者の名義に変更したときは課税されない。

- ●財産の名義人となった者が名義人となっている事実を知らなかった場合（ただし、この取扱いを利用して贈与税の脱税を図ろうとしている場合や、過去にこの取扱いを適用している場合は除かれる）
- ●名義人となった者がこれらの財産を使用収益していない場合

c．共有持分の放棄

　共有財産の共有者の1人がその持分を放棄（相続放棄を除く）したとき、または、死亡した場合においてその者の相続人がいないときは、その者に係る持分はほかの共有者がその持分に応じ贈与または遺贈を受けたものとして扱われる。

d．同族会社に対する財産の無償提供などにより株式や出資の価額が増加した場合

　次のような事由により同族会社の株式（出資）の価額が増加した場合、その価額の増加分については次の行為をした者から株主（社員）へ、その行為のときに贈与があったものとされる。

- ●会社に対する無償の財産提供
- ●時価より著しく低い価額での現物出資
- ●対価なしでの会社の債務の免除、引受または弁済があった場合
- ●会社に対する財産の低額譲渡

　ただし、同族会社の取締役や業務を執行する社員などが、その会社が資力を喪失した場合において上記の行為をしたときは、それらの行為によりその会社が受けた利益に該当する金額のうち、その会社の債務超過額に相当する部分については、贈与があったものとされない。

e．同族会社の新株引受権

　同族会社の新株引受権の割り当てが次のいずれかに該当する場合は、その新株引受権の割り当てを受けた者が、それぞれ次の者から新株引受権の贈与を受けたものとして贈与税が課される。

- ●株主として新株引受権を与えられた者が、その新株引受権に係る新株の全部または一部の申込みをしなかったことにより、その親族に割り当てがあった場合……その

新株引受権を引き受けなかった者

● 新株引受権の全部または一部をその法人の株主に与えないでその株主の親族に与えた場合……その法人の株主

f．共稼ぎ夫婦間における住宅資金等の贈与

共稼ぎ夫婦が住宅等を取得するため金融機関等から夫名義で借り入れ、購入物件も夫名義とし、返済金を夫婦の収入により返済している場合、返済金のうち夫婦の所得比率によりあん分した金額を夫が妻から贈与を受けたものとして、贈与税が課される。

g．土地の無償使用

土地の利用に関する権利の形態としては、民法上、使用貸借によるもの、賃貸借によるもの、地上権によるものがある。このうち、建物の所有を目的とする賃借権および地上権を借地権と呼んでいる。税法上は、使用貸借と賃貸借を厳格に区別し、その取扱いを定めている。

〈使用貸借の場合〉

使用貸借は、無償で土地を貸す契約であるため、借地借家法の保護を受けられず使用者の権利が弱いため、使用権の価額はゼロとされる（注）。土地の使用貸借契約があっても借主に対して贈与税の課税関係は生じない。一方、土地所有者の権利が100％あるとされ、土地の評価額は原則として自用地価額で評価される。

また、借地権を使用貸借によって転借した場合、「借地権の使用貸借に関する確認書」を税務署に提出すると、借地権の使用借権の価額は上記と同様ゼロとなる。

たとえば、妻が夫から土地を無償で借りてアパートを建築した場合や、子が父から家屋だけの贈与を受けて、その後その敷地を無償で借りる場合などには、その使用借権の設定が、たとえ借地権の設定の対価として通常権利金を支払う取引慣行のある地域で行われたとしても、妻や子に対して贈与税が課されることはない。

（注）使用貸借の範囲には、使用の対価たる地代の支払がない場合のほか、借主の費用負担が土地の固定資産税など租税公課相当額以下の場合も含まれる。

〈底地を借地権者以外の者が取得し、その後地代の授受がなくなった場合〉

借地権者以外の者がその借地権の設定されている土地の所有権（いわゆる底地）を取得し、土地取得者と借地権者との間で地代の授受をしなくなった場合には、原則として土地の取得者は借地権者から借地権の贈与を受けたものとされる。ただし、底地の取得者が「借地権者の地位に変更がない旨の申出書」を所轄税務署長に提出すれば、借地権者から土地の取得者への借地権の贈与はなかったものとして取り扱われる。この場合、借地権者は従来どおり借地権を有するものとして取り扱われる。

〈賃貸借などの場合〉

　土地の利用が賃貸借契約や地上権設定契約に基づいて行われる場合、権利金の授受が慣行となっているにもかかわらず、権利金の授受がなかったり権利金の額が借地権の価額よりも少ない場合は、借地人に贈与税が課される。

　また、賃貸借契約書の借入人の名義を親から子に書き換えるといったことが行われることがあるが、こうした行為は借地権の移転であるから、対価がない場合、または著しく低い価額の対価で行われた場合には、贈与税が課される。これらの場合の贈与価額は、無償の場合には借地権の評価額、有償の場合には借地権の時価と対価の差額とされる。

h．負担付贈与

　負担付贈与があった場合、贈与された財産の価額から負担額を差し引いた価額に相当する財産の贈与があったものとして贈与税が課される。また、借入債務を免れた贈与者には、その負担額でその財産を譲渡したものとして譲渡所得税が課される。

　なお、負担付贈与の場合、贈与された財産の価額は、原則として相続税評価額であるが、土地建物等については通常の取引価額（本章第1節4「課税財産と非課税財産」の「低額譲受け」参照）、上場株式についてはその贈与の日の終値となる。

i．離婚などの場合の財産分与

　離婚や婚姻の取消しの場合、当事者の一方は他方に対し財産の分与を請求できる。このように、財産分与によって取得した財産には贈与税は課されないのが原則である。しかし、分与財産の額が、婚姻中の夫婦の協力によって得た財産の額、その他いっさいの事情を考慮して多過ぎるとみられるときは、その多過ぎる部分は贈与によって取得した財産とみなされる。

　また、離婚を手段として贈与税または相続税の脱税を図ると認められる場合には、離婚によって取得した財産はすべて贈与によって取得したものとみなされる。

　なお、土地建物等の財産分与は時価で譲渡されたものとして譲渡所得の対象となり、居住用財産を分与した場合には、軽減税率の特例や特別控除の特例が適用できる。

（4）贈与税が課されない財産（贈与税の非課税財産）

贈与によって取得した財産でも、次のようなものには、贈与税は課されないことになっている。

a．法人から贈与を受けた財産（法人から贈与を受けた財産には所得税が課される）

b．親子、夫婦などの扶養義務者相互間で、教育費や生活費に充てるため贈与が行われ

た財産のうち**通常必要と認められる範囲内**のもの（ただし、生活費等に使用せず預貯金や株式投資にしたものは贈与税の課税対象となる）

c．宗教、慈善、学術その他公益を目的とする事業を行う者で、一定の要件に該当する者が贈与を受けた財産で、その公益を目的とする事業の用に供することが確実なもの（ただし、贈与により取得した日から2年を経過しても、その事業の用に供していないときは、その財産に対して贈与税が課される）

d．学術に関する顕著な貢献を表彰するものとして、または顕著な価値がある学術に関する研究を奨励するものとして、財務大臣の指定する特定の公益信託から交付された金品で財務大臣の指定するもの

e．学生や生徒に対する学資の支給を行うことを目的とする特定の公益信託から交付された金品

f．地方公共団体の条例による心身障害者扶養共済制度に基づく給付金の受給権

g．国会議員、地方公共団体の議会の議員、都道府県知事および市区町村長の選挙の候補者が、選挙運動に関して贈与を受けた金品などで、公職選挙法の規定により選挙管理委員会に報告されたもの

h．相続または遺贈によって財産を取得した者が、その相続のあった年にその被相続人から贈与を受けた財産で、**特定贈与財産**に該当しないもの（相続税が課される）

i．社交上の香典や贈答品などで社交上通常と認められる範囲内のもの

j．特定障害者を受益者とする特定障害者扶養信託契約（いわゆる「特定贈与信託」）に基づいて特定障害者が受ける信託受益権は、次の区分に応じ一定の金額までは贈与税は課されない。

- 精神上の障害により事理を弁識する能力を欠く常況にある者または重度の知的障害者、重度の精神障害者（精神障害者保健福祉手帳に障害等級が1級であると記載されている者）、1級または2級の身体障害者手帳所有者、特別項症から第3項症までの戦傷病者手帳所有者、原子爆弾被爆者、常に就床を要し複雑な介護を要する者のうち重度の者、年齢65歳以上の重度の障害者………6,000万円まで
- 中軽度の知的障害者、中軽度の精神障害者（精神障害者保健福祉手帳に障害等級が2級または3級であると記載されている者）………3,000万円まで（2013年4月1日以後の贈与に適用）

k．「直系尊属から住宅取得等資金の贈与を受けた場合の贈与税の非課税」を適用した住宅取得等資金のうち、住宅資金非課税限度額以下の金額（詳細は本章第1節9参照）であるもの

l.「直系尊属から教育資金の一括贈与を受けた場合の贈与税の非課税」を適用した教育資金のうち、一定の金額（詳細は本章第1節10）であるもの

m.「直系尊属から結婚・子育て資金の一括贈与を受けた場合の贈与税の非課税」を適用した結婚・子育て資金のうち、一定の金額（詳細は本章第1節11参照）であるもの

❺ 贈与税の配偶者控除

　夫婦間で居住用不動産（土地もしくは借地権または家屋）または居住用不動産の取得資金の贈与があった場合で、一定の要件を満たす場合、課税価格から**2,000万円の配偶者控除**が受けられる。ただし、贈与を受けた居住用不動産の価額と、贈与を受けた金銭のうち居住用不動産の取得に充てた部分の金額との合計額で、2,000万円が限度となる。また、この2,000万円の控除は**110万円の基礎控除**と重ねて受けることができる。

　この配偶者控除は、同じ配偶者間では**1回だけ**適用を受けることができる。また、この控除対象部分は**特定贈与財産**に該当し、相続税の課税価格に加算されない。

(1) 適用要件

　配偶者控除の適用を受けるための要件は次のとおりである。

a．贈与の時点で、**婚姻期間が20年以上**（婚姻期間の計算は婚姻の届出のあった日から贈与の日まで数え、**1年未満の端数の切上げは行わない**）の配偶者からの贈与であること

b．**居住用不動産**または**居住用不動産の取得に充てた金銭**の贈与であること

　なお、居住用家屋のみあるいは居住用家屋の敷地のみ贈与を受けた場合も対象となる。

c．居住用不動産を取得した場合は、**翌年3月15日**までに贈与を受けた者の**居住の用に供し**、かつ、その後も引き続き居住の用に供する見込みであること

d．金銭を取得した場合は、**翌年3月15日**までにその金銭によって実際に居住用不動産を取得し、贈与を受けた者の**居住の用に供し**、かつ、その後も引き続き居住の用に供する見込みであること

　なお、店舗併用住宅のように、居住用でない部分も含んでいる不動産の贈与を受けた場合は、**居住用部分のみ**が適用対象になる。しかし、贈与を受けた持分の割合がその家屋全体の面積のうち居住用部分の面積の占める割合の範囲内であれば、その持分の贈与は優先的に居住用部分とされる。ただし、居住用部分の面積が贈与された土地または建物の総面

積のそれぞれのおおむね10分の9以上である場合は、全体を居住用不動産として適用できる。

(2) 贈与後一定期間（3年～7年）内に贈与者が死亡した場合

相続税法では、相続人等が相続開始前一定期間内に、被相続人から贈与を受けた財産がある場合、その贈与財産を相続税の課税価格に加算する旨の規定がある。しかし、居住用財産の贈与を受け配偶者控除の適用を受けていた者は、その一定期間内に贈与者が死亡した場合でも、この配偶者控除の適用を受けた居住用不動産（配偶者控除2,000万円超の部分は除く）は、相続税の課税価格への加算対象から除外される。

また、居住用不動産の贈与をした者が、贈与をした年に死亡し、贈与を受けたものが相続財産を取得した場合でも、同様に贈与税の配偶者控除の適用があるものとして相続税の課税価格の加算対象から除外される。

ただし、相続開始の年に贈与を受けた場合、別途贈与税の申告をすること、贈与税の申告時にその旨の書類を添付することが必要になる。

なお、本来加算対象となる一定期間は相続開始前3年以内の贈与が加算対象であったが、2023年度税制改正により、相続開始前7年以内に加算対象期間が延長された。しかし、改正後の適用を受けるのは2024年1月1日以後の贈与からに限られるため、7年分すべて加算対象になるのは2031年1月1日以後に相続が開始した場合となる。

贈与の時期		加算対象となる期間
2023年12月31日まで		相続開始前3年以内
2024年1月1日から	贈与者の相続開始日	
	2026年12月31日以前	相続開始前3年以内
	2027年1月1日から2030年12月31日まで	2024年1月1日から相続開始日まで
	2031年1月1日以後	相続開始前7年以内

❻ 外国税額控除

外国の財産を贈与により取得した場合において、その財産についてその外国の贈与税に

相当する税が課されたときには、その者が贈与により取得した財産全体に対する贈与税額から、その外国で課された贈与税相当額を控除することができる。

> **外国税額控除額**
>
> 次の①または②のいずれか少ない額
> ① 外国で課税された贈与税相当額
> ② その者の贈与税額 × $\dfrac{\text{在外財産の価額}}{\text{その年分の贈与税の課税価格}}$

7 相続時精算課税制度

　生前贈与については、一定の要件を満たす受贈者の選択により、これまで説明した通常の贈与税の課税方式（**暦年課税制度**）に代えて、**相続時精算課税制度**の適用を受けることができる〔**図表 2 - 3**〕。

　相続時精算課税制度とは、特定の贈与者からの贈与時に贈与財産に対する贈与税を支払い（通常の贈与税の計算方法とは異なる）、その後の特定の贈与者の相続時にその贈与財産と相続財産を合計した価額を基に計算した相続税額から、既に支払った贈与税を控除することにより、贈与税・相続税を一体化して納税する制度である。

(1) 適用対象

① 適用対象者

　a．贈与者（以下、適用を受けた贈与者を「特定贈与者」という）

　　贈与をした年の**1月1日**において**60歳**以上の父母または祖父母

　b．受贈者（以下、適用を受けた受贈者を「相続時精算課税適用者」という）

　　贈与時において贈与者の直系卑属である推定相続人（子または代襲相続人の孫等）または孫のうち、贈与を受けた年の**1月1日**において**18歳**（2022年 3 月31日以前は20歳）以上の者

② 適用対象財産

　贈与財産の種類、金額、贈与回数に制限はない。

　なお、後述する「非上場株式等に係る贈与税の納税猶予」の適用においては、その特例後継者が贈与者の推定相続人以外の者（その年の 1 月 1 日において18歳（2022年 3 月31日以前は20歳）以上の者）であっても、贈与者が同日において60歳以上であるときには、相

〔図表2-3〕暦年課税制度と相続時精算課税制度の比較

		暦年課税制度	相続時精算課税制度
適 用 対 象 者		制限なし	● 贈与者…60歳以上の父母または祖父母 ● 受贈者…18歳（2022年3月31日以前は20歳）以上の直系卑属である推定相続人または孫
適 用 手 続		特になし	● 受贈者は届出書を提出する ● いったん選択すると変更できない
適 用 対 象 財 産		贈与財産の種類、金額、贈与回数には制限がない	
贈与税額の計算方法		相続時精算課税制度にかかる贈与者以外の者から受けた贈与財産から、基礎控除額（年間110万円）を控除し、贈与税の税率（10～55％の8段階の累進税率）を乗じて贈与税額を計算する	特定贈与者ごとに、贈与財産の価額から、基礎控除額（年間110万円）を控除し、複数年にわたり利用できる特別控除額（累計2,500万円）を控除後の金額に一律20％の税率を乗じて贈与税額を計算する。 ※基礎控除額は暦年課税の基礎控除とは別途、毎年110万円。2023年以前の贈与には適用なし。
贈与者の相続発生時の取扱い	贈与財産の組戻し	相続・遺贈で財産を取得した者が、相続開始前一定期間（3年～7年）内に贈与を受けた財産（非課税財産を除く）	基礎控除額（年間110万円）控除後のすべての贈与財産（非課税財産を除く）
	贈与財産の価額	贈与時の時価（相続税評価額）	贈与時の時価（相続税評価額） （注）2024年1月1日以後に生ずる災害による被害から、土地・建物が災害により一定以上の被害を受けた場合は再計算。
	贈与税額控除	あり	
	相続税から控除しきれない額	還付を受けることはできない	還付を受けることができる
	物納の適否	物納対象となる	物納できない

続時精算課税の適用を受けることができる。

第2章

(2) 手続

　相続時精算課税適用者は、贈与を受けた財産に係る贈与税の申告期間内（贈与を受けた日の属する年の翌年2月1日から3月15日までの期間内）に一定の必要事項を記載した相続時精算課税選択届出書を作成し、贈与税の申告書に添付して、贈与税の納税地の所轄税務署長に提出しなければならない。この選択は、受贈者がそれぞれ、**贈与者である父母または祖父母ごとに選択できる**。

　また、この届出をした場合、それ以後、特定贈与者からの贈与により取得する財産については、すべてこの制度が適用され、相続時まで**適用を取りやめることはできない**。

(3) 贈与税額の計算

　相続時精算課税に係る贈与税額の計算は、贈与税の課税価格から、基礎控除額（年間110万円）を控除し、特別控除額（最高2,500万円）の適用がある場合はその金額を控除した後の金額に、一律20％の税率を乗じて計算する。

〔課税価格－基礎控除額（年間110万円）－特別控除額（累計2,500万円）〕×20％＝贈与税額

① 課税価格
　相続時精算課税の適用を受ける贈与財産は、ほかの贈与財産と区別して、**特定贈与者ごとに1年間に贈与により取得した財産の価額の合計額**をもって贈与税の課税価格とする。

② 基礎控除額
　暦年課税とは別枠で年間110万円。

　同一年中に相続時精算課税の適用を受けた贈与財産の価額の合計額が基礎控除額110万円以下の場合は、贈与税の申告は必要ない。また、同一年中に2人以上の特定贈与者から贈与を受けた場合は、特定贈与者ごとの贈与税の課税価格の割合で110万円をあん分する（特定贈与者ごとに110万円を控除することはできない）。

　この基礎控除額は、2023年度税制改正により新設され2024年1月1日以後の贈与について適用されるため、**2023年12月31日以前の贈与について110万円は控除できない**（2023年以前の贈与は110万円以下の贈与であっても贈与税の申告が必要）。

③ 特別控除額
　複数年にわたり利用でき、特定贈与者ごとに**累計**で2,500万円（すでに同一の特定贈与者からの贈与について特別控除として控除した金額がある場合は、その金額を控除した残額）

なお、特別控除額は、贈与税の期限内申告書に控除を受ける金額等一定の事項の記載がある場合に限り適用されるため、特別控除額以下の贈与であっても期限内申告が必要となる。

④ 税率

一律20％

たとえば、父から2023年に1,000万円の贈与を受け、2024年3月15日までに相続時精算課税選択届出書を提出し、2024年に1,000万円の贈与、2025年に100万円の贈与、2026年900万円の贈与を受けた場合の贈与税額は下記のようになる。

2023年　1,000万円－特別控除額1,000万円＝0　→　贈与税なし（申告必要）
　　　　　※2023年以前は基礎控除額の適用なし

2024年　1,000万円－基礎控除額110万円－特別控除額890万円＝0　→　贈与税なし（申告必要）

2025年　100万円－基礎控除額110万円＜0　贈与税なし（申告不要）

2026年　900万円－基礎控除額110万円－特別控除額610万円※＝180万円
　　　　　※特別控除額2,500万円－1,000万円（2023年）－890万円（2024年）＝610万円
　　　　　贈与税　180万円×20％＝36万円（申告必要）

特別控除額2,500万円は2026年で全額適用済みのため、2027年以降は相続時精算課税を適用する贈与額が110万円を超えた場合に贈与税が発生する。

（4）相続税額の計算

相続時精算課税適用者については、**相続時に相続または遺贈により財産を取得しなくても相続税の納税義務が生じる。**

相続時精算課税適用者の相続税の計算については、特定贈与者からの贈与財産の価額と相続財産の価額を合計した価額を相続税の課税価格とし、従来どおりの課税方式により計算した相続税額から、相続時精算課税に係る贈与税額に相当する金額を控除することにより、納付すべき相続税額を算出する。

① 相続税の課税価格

特定贈与者から相続または遺贈により財産を取得した相続時精算課税適用者については、相続財産に合算する贈与財産の価額は**贈与時**の価額（相続税評価額）による。

また、特定贈与者から相続または遺贈により財産を取得しなかった相続時精算課税適用者については、その特定贈与者からの贈与により取得した財産を相続により取得したもの

とみなして相続税の課税価格を計算する。相続時精算課税に係る贈与により取得した財産の価額は、その贈与時の価額（相続税評価額）による。

　なお、相続時精算課税による贈与により取得した一定の土地または建物が、2024年1月1日以後の災害によって一定の被害を受けた場合には、相続財産に合算する贈与財産の価額は、その災害によって被害を受けた部分に相当する額を控除した残額とされる。

② 贈与税額の控除および還付

　相続時精算課税制度の適用を受ける財産について課せられた贈与税があるときは、相続税額からその贈与税額（外国税額控除前の税額とし、延滞税、利子税、過少申告加算税、無申告加算税および重加算税に相当する税額を除く）に相当する金額を控除する。

　なお、上記により相続税額から控除する場合において、なお控除しきれない金額があるときには、その控除しきれない金額に相当する税額の還付を受けることができる。ただし、この還付を受けるためには、相続税の申告書を提出しなければならない。

(5) 相続税の納税義務の承継等

① 相続時精算課税適用者が特定贈与者よりも先に死亡した場合

　相続時精算課税適用者が、その特定贈与者が死亡する以前に死亡した場合には、その相続時精算課税適用者の相続人（包括受遺者を含む）は、その相続時精算課税適用者が有していた相続時精算課税制度の適用を受けていたことに伴う納税に係る権利または義務を承継することになる。

　この場合において、相続時精算課税適用者の相続人が2人以上いる場合には、各相続人（相続人のうちに特定贈与者がいる場合には、その特定贈与者を除く）が納税する税額または還付を受ける税額については、実際にどのように遺産分割したかに関係なく法定相続分（相続人のうちに特定贈与者がいる場合には、その特定贈与者がいないものとして相続分を計算する）によりあん分した金額となる。

　なお、相続時精算課税適用者の相続人が特定贈与者しかいない場合には、相続時精算課税制度の適用を受けていたことに伴う権利または義務は誰にも承継されないこととなり、相続時の精算の必要はなくなる。

② 贈与により財産を取得した者が相続時精算課税選択届出書の提出前に死亡した場合

　贈与により財産を取得した者（死亡受贈者）が相続時精算課税制度の適用を受けることができる場合において、その死亡受贈者が贈与税の申告期限前に相続時精算課税選択届出書を提出しないで死亡したときは、その死亡受贈者の相続人（相続人のうちに特定贈与者がいる場合には、その特定贈与者を除く）は、その相続の開始があったことを知った日の

翌日から**10カ月以内**に**相続時精算課税選択届出書**をその死亡受贈者の贈与税の納税地の所轄税務署長に共同して提出することができる。

なお、これにより、相続時精算課税選択届出書を提出した**相続人**は、被相続人が有することになる相続時精算課税制度の適用を受けることに伴う納税に係る**権利または義務を承継**することになる。

また、相続人が2人以上いる場合には、相続時精算課税選択届出書の提出は、これらの者が連署して行う必要がある。

例　題

Q:

被相続人には、相続人である妻と2人の子がおり、保有資産が不動産3億円（相続税評価額）と金融資産1億円（預貯金、株式等）である。その4億円の財産のうち、子（18歳以上）の1人に3,000万円を生前贈与していた場合、暦年課税方式（特例贈与財産に該当）を利用した場合と相続時精算課税制度を利用した場合の相続税額は、それぞれいくらになるか。

A:

（1）暦年課税方式
① 贈与時
　贈与税：(3,000万円−110万円)×45%−265万円＝1,035.5万円
② 相続時
　課税遺産総額：(3億円＋1億円−3,000万円)−(3,000万円＋600万円×3人)
　　　　　　　＝3億2,200万円

　相続税の総額：$(3億2,200万円 \times \frac{1}{2} \times 40\% - 1,700万円)$

　　　　　　　$+\{(3億2,200万円 \times \frac{1}{4} \times 30\% - 700万円) \times 2\}$

　　　　　　　＝8,170万円（配偶者の税額軽減前）

（2）相続時精算課税制度
① 贈与時
　贈与税：(3,000万円−110万円−2,500万円)×20%＝78万円
② 相続時
　課税遺産総額：(3億円＋1億円−3,000万円＋2,890万円)

$$-（3,000万円＋600万円×3人）＝3億5,090万円$$

相続税の総額：$(3億5,090万円 × \frac{1}{2} × 40\% - 1,700万円)$

$$+\{(3億5,090万円 × \frac{1}{4} × 30\% - 700万円) × 2\}$$

$$=9,181.5万円$$

納税額：9,181.5万円－78万円＝9,103.5万円（配偶者の税額軽減前）
相続税額の計算方法については、第3章参照。

❽ 住宅取得等資金贈与に係る相続時精算課税制度の特例

　2026年12月31日までの間に、自己の居住の用に供する一定の家屋の新築もしくは取得または増改築（これらとともにするこれらの家屋の敷地の用に供されている土地または土地の上に存する権利の取得を含む）のための資金の贈与を受ける場合に限り、**贈与者の年齢制限はなくなり**、60歳未満の贈与者からの贈与についても相続時精算課税制度の適用を受けることができる（**受贈者は原則どおり贈与を受けた年の1月1日において18歳**（2022年3月31日以前は20歳）**以上**の子または孫に限られる）。

　なお、「直系尊属から住宅取得等資金の贈与を受けた場合の贈与税の非課税制度」（後述）と、相続時精算課税制度の基礎控除額110万円や特別控除額2,500万円とは併用ができるため、一定の良質な住宅で3,610万円（＝1,000万円＋110万円＋2,500万円）まで贈与税は課されないことになる。

（1）手続

　この特例は、その適用を受けようとする者が適用を受けようとする旨を記載した贈与税の申告書に計算の明細書等の書類を添付し提出することにより適用が認められる。

　この特例の適用要件を満たし、かつ、所定の手続を経て、住宅取得等資金について相続時精算課税制度の適用を受けることとなった者は、相続税法に規定する相続時精算課税適用者とみなされ、住宅取得等資金の贈与をした者は**特定贈与者**とみなされる。

　したがって、両者間で行われる以後の贈与については、贈与者が60歳に達するまでの贈与であっても相続時精算課税制度の適用を受けることになり、贈与者が60歳に達した後に

行われる両者間の贈与についても、当然、相続時精算課税制度の適用を受ける。

(2) 受贈者の要件

特例の適用を受けることができる受贈者は、次の要件のすべてを満たす者である。

① 次のいずれかに該当する者であること

　a．贈与を受けた時に日本国内に住所を有すること

　b．贈与を受けた時に日本国内に住所を有しないものの日本国籍を有し、かつ受贈者または贈与者がその贈与前10年以内において日本国内に住所を有していたことがあること

　c．贈与を受けた時に日本国内に住所も日本国籍も有しないが、贈与者がその贈与前10年以内において日本国内に住所を有していたことがあること

② 贈与を受けた時に贈与者の直系卑属（子や孫など）である推定相続人または孫であること

③ 贈与を受けた年の1月1日において18歳（2022年3月31日以前は20歳）以上であること

(3) 住宅取得等資金の範囲

住宅取得等資金とは、次の①〜⑤の対価に充てるための資金をいう。また、住宅取得等資金を贈与により取得した年の翌年3月15日までにその住宅取得等資金の全額をその対価に充当し、その日までに特定受贈者の居住の用に供するか、その日後遅滞なく特定受贈者の居住の用に供することが確実と見込まれることが条件とされている。

なお、贈与を受けた者の一定の親族など贈与を受けた者と特別の関係がある者（受贈者の配偶者や直系血族、生計を一にする親族、内縁関係者および内縁関係者の生計を一にする親族、これら以外の者で受贈者から受ける金銭等で生計を維持している者およびその者の生計を一にする親族）との請負契約等により新築もしくは増改築等をする場合またはこれらの者から取得する場合には、この特例を受けることはできない。

① 新築または建築後使用されたことのない住宅用家屋の取得

② 既存住宅用家屋の取得

③ 居住の用に供されている住宅用家屋について行う増改築等

④ 前記①〜③とともにするその家屋の敷地の用に供される土地や借地権などの取得

⑤ 住宅用家屋の新築（住宅取得等資金の贈与を受けた日の属する年の翌年3月15日までに行われたものに限る）に先行してするその敷地の用に供される土地や借地権などの取

得

(4) 住宅用家屋の範囲

　次の要件を満たす日本国内にある住宅用の家屋をいう。なお、居住の用に供する家屋が2つ以上ある場合には、贈与を受けた者が主として居住の用に供すると認められる1つの家屋に限られる。

① 家屋の床面積（区分所有の場合には、その区分所有する部分の床面積）が40㎡以上であること

② 既存住宅用家屋の場合、次の要件を満たすもの
- 新耐震基準に適合しているもの
- 一定の耐震構造を備えているもの
- 一定の耐震基準を備えていないが、その取得の日までに耐震改修工事の申請等をし、かつ、居住の用に供する日までに耐震改修工事を完了しているもの

③ 床面積の2分の1以上がもっぱら居住の用に供されるものであること

(5) 増改築等の範囲

　特例の対象となる住宅の増改築等とは、贈与を受けた者が日本国内に所有し、かつ、自己の居住の用に供している家屋について行われる増築、改築、大規模な修繕、省エネ・耐震性の基準に適合させるためのリフォーム、バリアフリー工事、給排水管等のリフォームのうち一定のもので、次の要件を満たすものをいう。

① 工事に要した費用の額が100万円以上であること。なお、居住用部分の工事費が全体の工事費の2分の1以上でなければならない

② 増改築等後の家屋の床面積の2分の1以上に相当する部分がもっぱら居住の用に供されること

③ 増改築等後の家屋の登記簿上の床面積（区分所有の場合、その区分所有する部分の床面積）が40㎡以上であること

❾ 直系尊属から住宅取得等資金の贈与を受けた場合の贈与税の非課税

　2015年1月1日から2026年12月31日までの間に、父母や祖父母などの直系尊属から住宅取得等資金の贈与を受けた受贈者が、贈与を受けた年の翌年3月15日までにその住宅取得

等資金を自己の居住の用に供する一定の家屋の新築もしくは取得または一定の増改築等の対価に充てて新築もしくは取得または増改築等をし、その家屋を同日までに自己の居住の用に供したときまたは同日以後遅滞なく自己の居住の用に供することが確実であると見込まれるときには、住宅取得等資金のうち一定金額について贈与税が非課税となる。

この制度は、**暦年課税**と**相続時精算課税**のいずれの制度でも適用でき、暦年課税の基礎控除額、相続時精算課税の基礎控除額や特別控除額と**併用**することができる。

受贈者が自己の居住の用に供する家屋とともにその敷地の用に供される土地を取得する場合において、その土地の取得の対価に充てるための**金銭**について、本特例の適用を受けることができる。

なお、この特例を適用するには贈与を受けた年の翌年2月1日から3月15日までの間に、非課税制度の適用を受ける旨を記載した贈与税の申告書に計算明細書、戸籍の謄本、登記事項証明書、新築や取得の契約書の写しなど一定の書類を添付して、納税地の所轄税務署に提出する必要がある。

(1) 住宅資金非課税限度額

贈与により取得した住宅取得等資金について、取得する住宅用家屋の構造に応じ受贈者1人につき次の金額まで非課税となる。

贈与時期	良質な住宅用家屋	左記以外の住宅用家屋
2022年1月〜2026年12月	1,000万円	500万円

(2) 本特例の他の要件等

本特例における受贈者の要件、住宅取得等資金の範囲、住宅用家屋の範囲、増改築等の範囲は、住宅取得等資金贈与に係る相続時精算課税制度の特例(以下「精算課税特例」という)とほぼ同様であるが、以下の点が異なることには注意が必要である。

① 受贈者の要件

本特例では、受贈者の贈与を受けた年の合計所得金額が**2,000万円以下**であることを要件とするが、精算課税特例に所得制限はない。

② 家屋の床面積

本特例では、家屋の床面積が**50㎡以上240㎡以下**に制限される。ただし、東日本大震災の被災者においては240㎡上限は適用されず、精算課税特例にも240㎡上限は設定されていない。また、受贈者の贈与を受けた年分の所得税に係る**合計所得金額が1,000万円以下**で

ある場合に限り、床面積要件の下限が40㎡以上に引き下げられる（東日本大震災の被災者も同様）。

新築した家屋が店舗併用住宅の場合、床面積の2分の1以上がもっぱら居住の用に供されること。

(3) 生前贈与加算との関係

相続税では、暦年課税制度による相続開始前一定期間（3年～7年）内の贈与財産や相続時精算課税制度を適用した贈与財産は、贈与者の相続時に相続税の課税価格の計算上加算することとされている。しかし、「直系尊属から住宅取得等資金の贈与を受けた場合の贈与税の非課税」を適用した住宅取得等資金のうち非課税限度額以下の金額は、暦年課税・相続時精算課税いずれの場合も相続税の課税価格に加算する必要はない。

たとえば、住宅取得等資金1,800万円の贈与を受け1,000万円まで非課税とされた場合は、1,000万円までは相続税の課税価格に加算する必要はなく、800万円（＝1,800万円－1,000万円）を相続税の課税価格に加算することになる。

⑩ 直系尊属から教育資金の一括贈与を受けた場合の贈与税の非課税

(1) 制度の概要

2013年4月1日から2026年3月31日までの間に、個人（資金管理契約の締結日時点において30歳未満に限る。以下「受贈者」という）が、教育資金に充てるため、金融機関等との一定の契約に基づき、受贈者の直系尊属（父母・祖父母など）から、①信託受益権を付与された場合、②書面による贈与により取得した金銭を銀行等に預入をした場合、③書面による贈与により取得した金銭等で証券会社等で有価証券を購入した場合（以下、これら①～③の場合を「教育資金口座の開設等」という）には、これらの信託受益権または金銭等の価額のうち1,500万円までの金額に相当する部分の価額については贈与税が非課税となる。

なお、信託等をする日の属する年の前年の受贈者の合計所得金額が1,000万円を超える場合には、当該信託等により取得した信託受益権等については、本措置の適用を受けることができない。

(2) 教育資金口座の開設等

　この非課税制度の適用を受けるためには、教育資金口座の開設等を行ったうえで、教育資金非課税申告書をその口座の開設等を行った**金融機関等の営業所等を経由**して、信託や預入などをする日（通常は教育資金口座の開設等の日）までに、受贈者の納税地の所轄税務署長に提出しなければならない（教育資金非課税申告書は、金融機関等の営業所等が受理した日に税務署長に提出されたものとみなされる）。

(3) 教育資金口座からの払出し、教育資金の支払

　教育資金口座からの払出しおよび教育資金の支払を行った場合には、その支払に充てた金銭に係る領収書などその事実を証する書類等を、次の①または②の提出期限までに教育資金口座の開設等をした金融機関等の営業所等に提出しなければならない。ただし、領収書等に記載された支払金額が1万円以下で、かつ、その年中における合計支払金額が24万円に達するまでのものについては、当該領収書等に代えて支払先、支払金額等の明細を記載した書類を提出することができる。また、書面による提出に代えて電磁的方法により提供することができることとされている。

① 　教育資金を支払った後にその実際に支払った金額を教育資金口座から払い出す方法を教育資金口座の払出方法として選択した場合
  - 領収書等に記載された支払年月日から1年を経過する日

② 　上記①以外の方法を教育資金口座の払出方法として選択した場合
  - 領収書等に記載された支払年月日の属する年の翌年3月15日

(4) 教育資金口座に係る契約の終了

　教育資金口座に係る契約は、次の①～③の事由に該当したときに終了する。
① 　受贈者が30歳に達したこと
② 　受贈者が死亡したこと
③ 　口座等の残高がゼロになり、かつ、教育資金口座に係る契約を終了させる合意があったこと

　なお、受贈者が30歳に達した場合においては、その達した日において下記ⅰⅱのいずれかに該当するときは教育資金管理契約は終了しないものとし、その達した日の翌日以後については、その年において下記ⅰⅱのいずれかに該当する期間がなかった場合におけるその年12月31日または当該受贈者が40歳に達する日のいずれか早い日に教育資金管理契約が

終了するものとする。

　　i　当該受贈者が学校等に在学している場合

　　ii　当該受贈者が教育訓練給付金の支給対象となる教育訓練を受講している場合

(5) 終了時における贈与税の課税

　前記（4）①または③の事由に該当したことにより、教育資金口座に係る契約が終了した場合に、非課税拠出額（注1）から教育資金支出額（注2）（学校等以外に支払う金銭については、500万円を限度）を控除した残額があるときは、その残額が受贈者の前記（4）①または③の事由に該当した日の属する年の贈与税の課税価格に算入される。

　したがって、その年の贈与税の課税価格の合計額が基礎控除額を超えるなどの場合には贈与税の申告期限までに贈与税の申告を行う必要がある。なお、受贈者が死亡（前記（4）②）して教育資金口座に係る契約が終了した場合には、残額があっても贈与税は課税されない。

注1 非課税拠出額とは、教育資金非課税申告書または追加教育資金非課税申告書にこの制度の適用を受けるものとして記載された金額を合計した金額（**1,500万円**を限度）。

注2 教育資金支出額とは、金融機関等の営業所等において、教育資金として支払われた事実が領収書等により確認され、かつ、記録された金額の合計額。

注3 2023年4月1日以後の信託等から年齢に関係なく贈与税の一般税率を適用する。

(6) 贈与者が死亡した場合

　教育資金管理契約の終了前に贈与者が死亡した場合の取り扱いについては、教育資金に係る信託受益権等の取得時期により以下のように異なる。

　イ．2019年3月31日までに信託等により取得した信託受益権等の価額

　　　贈与者の死亡に係る相続税の課税価格の計算上加算する必要なし

　ロ．2019年4月1日から2021年3月31日までに信託等により取得した信託受益権等の価額

　　　その死亡の日における非課税拠出額から教育資金支出額を控除した残額（以下「管理残額」という）のうち、贈与者からその**死亡前3年以内**に信託等により取得した信託受益権等の価額に対応する金額を、贈与者の死亡に係る相続税の課税価格の計算上加算する（相続税の2割加算は対象外）。ただし、贈与者の死亡の日において次のいずれかに該当する場合には、相続税の課税価格の計算上加算する必要はない。

　　①　当該受贈者が23歳未満である場合

　　②　当該受贈者が学校等に在学している場合

③　当該受贈者が教育訓練給付金の支給対象となる教育訓練を受講している場合

ハ．2021年4月1日から2023年3月31日までに信託等により取得した信託受益権等の価額

　　贈与者の死亡の日までの年数にかかわらず、管理残額を贈与者の相続税の課税価格の計算上加算する。さらに加算された金額に対する相続税額については**相続税の2割加算の対象**となる。ただし、贈与者の死亡の日において上記ロ①②③のいずれかに該当する場合には、相続税の課税価格の計算上加算する必要はない。

ニ．2023年4月1日以後に信託等により取得した信託受益権等の価額

　　基本的に上記ハと同様であるが、贈与者の死亡に係る相続税の課税価格が5億円を超えるときは、上記ロ①②③に該当しても加算対象外とはならず、管理残額を贈与者の死亡に係る相続税の課税価格に加算する。

(7) 教育資金とは

①　**学校等**（注）**に対して直接支払われる次のような金銭**

ａ．入学金、授業料、入園料、保育料、施設設備費または入学（園）試験の検定料など

ｂ．学用品の購入費や修学旅行費や学校給食費など学校等における教育に伴って必要な費用など

注 学校等とは、学校教育法で定められた幼稚園、小・中学校、高等学校、大学（院）、専修学校、各種学校、一定の外国の教育施設、認定こども園または保育所等など。

②　**学校等以外に対して直接支払われる次のような金銭で社会通念上相当と認められるもの**

ａ．役務提供または指導を行う者（学習塾や水泳教室など）に直接支払われるもの

　ⅰ　教育（学習塾、そろばんなど）に関する役務の提供の対価や施設の使用料など

　ⅱ　スポーツ（水泳、野球など）または文化芸術に関する活動（ピアノ、絵画など）その他教養の向上のための活動に係る指導への対価など

　ⅲ　上記ⅰの役務の提供または上記ⅱの指導で使用する物品の購入に要する金銭

ｂ．上記ａ以外（物品の販売店など）に支払われるもの

　ⅰ　上記①-ｂに充てるための金銭であって、学校等が必要と認めたもの

　ⅱ　通学定期代、留学渡航費等

なお、学校等以外の者に支払われる金銭で受贈者が**23歳**に達した日の翌日以後に支払われるもののうち、教育に関する役務提供の対価、スポーツ・文化芸術に関する活動等に係る指導の対価、これらの役務提供または指導に係る物品の購入費および施設の利用料は教

育資金から**除外**される。ただし、教育訓練給付金の支給対象となる教育訓練を受講するための費用は除外しない。

⑪ 直系尊属から結婚・子育て資金の一括贈与を受けた場合の贈与税の非課税

(1) 制度の概要

　2015年4月1日から2025年3月31日までの間に、個人（資金管理契約の締結日時点において**18歳**（2022年3月31日以前は20歳）**以上50歳未満**の者に限る。以下「受贈者」という）の結婚・子育て資金に充てるため、金融機関等との一定の契約に基づき、受贈者の直系尊属（父母・祖父母など。以下「贈与者」という）から、①信託受益権を付与された場合、②書面による贈与により取得した金銭を銀行等に預入をした場合、③書面による贈与により取得した金銭等で証券会社等において有価証券を購入した場合（以下、これらの場合を「結婚・子育て資金口座の開設等」という）には、これらの信託受益権または金銭等の価額のうち受贈者1人につき**1,000万円**（結婚に際して支出する費用については**300万円**を限度）までの金額に相当する部分の価額について、贈与税が非課税となる。

　なお、信託等をする日の属する年の前年の**受贈者の合計所得金額が1,000万円を超える**場合には、当該信託等により取得した信託受益権等については、本措置の適用を受けることができない。

(2) 結婚・子育て資金口座の開設

　この非課税制度の適用を受けるためには、結婚・子育て資金口座の開設等を行ったうえで、結婚・子育て資金非課税申告書をその口座の開設等を行った**金融機関等の営業所等を経由**して、信託や預入などをする日（通常は結婚・子育て資金口座の開設等の日）までに、受贈者の納税地の所轄税務署長に提出しなければならない（結婚・子育て資金非課税申告書は、金融機関等の営業所等が受理した日に税務署長に提出されたものとみなされる）。

(3) 結婚・子育て資金口座からの払出し、結婚・子育て資金の支払

　結婚・子育て資金口座からの払出し、結婚・子育て資金の支払を行った場合には、結婚・子育て資金口座の開設等の時に選択した結婚・子育て資金口座の払出方法に応じ、そ

の支払に充てた金銭に係る領収書などその支払の事実を証する書類等を、次の①または②の提出期限までにその金融機関等の営業所等に提出しなければならない。

①　結婚・子育て資金を支払った後にその実際に支払った金額を結婚・子育て口座から払い出す方法をその口座の払出方法として選択した場合

- 領収書等に記載された支払年月日から１年を経過する日

②　上記①以外の方法を結婚・子育て口座の払出方法として選択した場合

- 領収書等に記載された支払年月日の属する年の翌年３月15日

(4) 結婚・子育て資金管理契約の終了

次に掲げる事由に該当した場合には、結婚・子育て資金管理契約は終了する。

①　受贈者が50歳に達した場合

②　受贈者が死亡した場合

③　信託財産等の価額がゼロとなった場合において終了の合意があったとき

(5) 終了時における贈与税の課税

前記（４）①または③の事由に該当したことにより、結婚・子育て資金口座に係る契約が終了した場合に、非課税拠出額（注１）から結婚・子育て資金支出額（注２）を控除した残額があるときは、その残額が受贈者の前記（４）①または③の事由に該当した日の属する年の贈与税の課税価格に算入される。

したがって、その年の贈与税の課税価格の合計額が基礎控除額を超えるなどの場合には、贈与税の申告期限までに贈与税の申告を行う必要がある。なお、受贈者が死亡（前記（４）②）して結婚・子育て資金管理契約が終了した場合には、残額があっても贈与税は課されない。

注1 非課税拠出額とは、結婚・子育て資金非課税申告書または追加結婚・子育て資金非課税申告書にこの制度の適用を受けるものとして記載された金額の合計額（1,000万円を限度）。

注2 結婚・子育て資金支出額とは、金融機関等の営業所等において、結婚・子育て資金の支払の事実を証する書類（領収書等）により結婚・子育て資金の支払の事実が確認され、かつ、記録された金額の合計額。

注3 2023年４月１日以後の信託等から年齢に関係なく贈与税の一般税率を適用する。

(6) 贈与者が死亡した場合

契約期間中に贈与者が死亡した場合には、死亡日における非課税拠出額から結婚・子育て資金支出額を控除した残額（以下「管理残額」という）については、受贈者が贈与者か

ら相続または遺贈により取得したものとみなして、当該贈与者の死亡に係る**相続税の課税価格に加算する**。この場合において、管理残額に対応する相続税額については相続税額の2割加算の対象とされない。

　ただし、2021年4月1日以後は、受贈者が贈与者の孫等である場合、管理残額に係る相続税額について2割加算を適用する。

　管理残額は、終了時における贈与税の課税（前記（5））において結婚・子育て資金支出額とみなされ、贈与税の課税対象にならない。

　なお、贈与者死亡時には、贈与者が死亡した旨の金融機関等への届出が必要となる。

(7) 結婚・子育て資金とは

①　結婚に際して支払う次のような金銭（300万円限度）

　ａ．挙式費用、衣装代等の婚礼（結婚披露宴）費用（婚姻の日の1年前の日以後に支払われるもの）

　ｂ．家賃、敷金等の新居費用、転居費用（一定の期間内に支払われるもの）

②　妊娠、出産および育児に要する次のような金銭

　ａ．不妊治療・妊婦健診に要する費用（薬局に支払う医薬品代（処方箋に基づくもの）を含む）

　ｂ．分べん費等・産後ケアに要する費用

　ｃ．子の医療費、幼稚園・保育所等の保育料（ベビーシッター代を含む）など

（参考）一括贈与に係る非課税措置比較表

		教育資金		結婚・子育て資金	
期　　間		2026年 3 月31日まで		2025年 3 月31日まで	
受贈者		30歳未満の個人		18歳（2022年 3 月31日までは20歳）以上50歳未満の個人	
		前年の合計所得金額1,000万円以下			
贈与者		受贈者の直系尊属			
限度額		受贈者 1 人につき1,500万円（学校等以外500万円）		受贈者 1 人につき1,000万円（結婚費用300万円）	
終了事由		①受贈者が30歳に達した場合（ただし、受贈者が学校等に在学している場合や一定の教育訓練を受講している場合は40歳まで延長可能）②受贈者が死亡した場合③信託財産等の価額がゼロになり終了の合意があった場合		①受贈者が50歳に達した場合②受贈者が死亡した場合③信託財産等の価額がゼロになり終了の合意があった場合	
終了時の課税（終了事由①③）		残額に贈与税の課税（注）2023年 4 月 1 日以後の信託等から年齢に関係なく一般税率を適用			
受贈者死亡時の課税（終了事由②）		残額があっても課税なし			
贈与者死亡時の課税	信託受益権等取得時期（贈与時期）	管理残額を相続財産に加算	相続税額の 2 割加算	管理残額を相続財産に加算	相続税額の 2 割加算
	2019年 3 月以前	加算なし	対象外	加算する	対象外
	2019年 4 月以後2021年 3 月以前	死亡前 3 年以内に限り加算※	対象外		
	2021年 4 月以後	加算する※	対象		
	2023年 4 月以後	贈与者の死亡に係る相続税の課税価格の合計額が 5 億円を超えるときは、欄外※①～③に該当する場合であっても加算する	対象		対象

ほかの規定との併用	• 暦年課税の基礎控除（110万円）	：	可能
	• 相続時精算課税の特別控除（2,500万円）	：	可能
	• 相続時精算課税の基礎控除（110万円）	：	可能
	• 住宅取得等資金贈与の非課税（最大1,000万円）	：	可能
これら相互間の併用	可能		

※次の①〜③に該当する場合は対象外
　①当該受贈者が23歳未満の場合
　②当該受贈者が学校等に在籍している場合
　③当該受贈者が教育訓練給付金の支給対象となる教育訓練を受講している場合

第2章

実務上のポイント

- 低額譲渡とは、時価に比べて著しく低い価額で財産を譲り受けた場合に、その財産の時価と支払った対価との差額は、実質的に贈与と同じ性格をもつとみなされるものである。
- 贈与税の配偶者控除の適用要件として、贈与の時点で、婚姻期間が20年以上である配偶者からの贈与であることが必要である。
- 居住用部分の面積が贈与された土地または建物の総面積のおおむね10分の9以上である場合は、全体を居住用不動産として贈与税の配偶者控除の適用ができる。
- 直系尊属から住宅取得等資金の贈与を受けた場合の贈与税の非課税制度は、暦年課税と相続時精算課税のいずれの制度でも適用できる。
- 債務者が対価を支払わないで、または著しく低い対価の支払で債務の免除を受けた場合、または第三者が債務を弁済した場合などは、債務免除によって債務を消滅してくれた者から贈与があったものとみなされる。ただし、債務者が資力を喪失して債務を弁済することが困難である場合には、その債務を弁済することが困難である部分については、その扶養親族等が弁済した場合などの債務免除益は贈与を受けたとはみなされない。
- 共有財産の共有者の1人がその持分を放棄（相続放棄を除く）したとき、または、死亡した場合においてその者の相続人がいないときは、その者に係る持分は他の共有者がその持分に応じ贈与または遺贈を受けたものとして扱われる。
- 相続時精算課税適用者は、納付税額が発生しなかったとしても、贈与を受けた財産に係る贈与税の申告期間内に、一定の必要事項を記載した相続時精算課税選択届出書を作成し、贈与税の納税地の所轄税務署長に提出しなければならない。
- 相続時精算課税制度では、相続税額からすでに納付した贈与税額を控除する場合において、なお控除しきれない金額があるときには、その控除しきれない金額に相当する税額の還付を受けることができる。
- 直系尊属から教育資金の一括贈与を受けた場合の贈与税の非課税において、信託等をする日の属する年の前年の受贈者の合計所得金額が1,000万円を超える場合には、当該信託等により取得した信託受益権等については、本措置の適用を受けることが

できない。

・2021年4月1日以後に取得等した信託受益権等について、直系尊属から教育資金の一括贈与を受けた場合の贈与税の非課税では、教育資金管理契約の終了前に贈与者が死亡した場合には、その死亡の日における管理残額を、当該受贈者が当該贈与者から相続または遺贈により取得したものとみなして相続税の課税価格の計算上、加算される。

・直系尊属から結婚・子育て資金の一括贈与を受けた場合の贈与税の非課税において、契約期間中に贈与者が死亡した場合には、死亡日における非課税拠出額から結婚・子育て資金支出額を控除した残額については、受贈者が贈与者から相続または遺贈により取得したものとみなして、当該贈与者の死亡に係る相続税の課税価格に加算する。

第2章

第2節

贈与税の申告と納付

❶ 申告書の提出義務

　贈与により取得した財産の価額の合計額が基礎控除額を超える場合、または相続時精算課税制度等の適用を受ける場合には、受贈者は贈与税の申告書を提出しなければならない。

　贈与税の申告書は、贈与を受けた年の**翌年の2月1日から3月15日**までの間に受贈者の住所地の所轄税務署長に提出しなければならない。

　なお、贈与税の申告義務のある者が提出期限前に申告書を提出しないで死亡した場合、その死亡した者の相続人は、その相続の開始があったことを知った日の**翌日から10カ月以内**に、その死亡した者に代わって、その死亡した者の納税地の所轄税務署長に贈与税の申告書を提出しなければならない。

❷ 申告の修正

（1）期限後申告

　期限内申告書を提出すべき義務のある者は、期限内申告書の提出期限後においても、税務署長より課税価格および税額の決定の通知があるまでは、**期限後申告**として期限後申告書の提出をすることができる。ただし、原則として**無申告加算税**が課される（無申告加算税の詳細は、第3章第3節参照）。

（2）修正

　贈与税の申告書を提出したあとで、申告をしなかった財産があったり、評価方法の誤り

などがあったため、課税価格や税額が少なかったことに気が付いたときは、更正の通知があるまでは、前に提出した贈与税の申告書に記載した課税価格や税額を修正するための修正申告書を提出することができる。更正または決定を受けた課税価格や税額に不足分があった場合にも、修正申告書を提出することができる。

　なお、税額を少なく申告した過少申告の場合、**過少申告加算税**が課される。また、贈与財産を隠匿や虚偽により過少申告または申告書を提出しなかった場合、過少申告加算税に代えて**重加算税**が課される（詳細は第3章第3節参照）。

(3) 更正

　贈与税の申告書を提出したあとで、計算や評価方法の誤りなどで、課税価格や税額が多すぎたことに気が付いたときは、**法定申告期限から6年以内**に限り、誤っていた課税価格や税額を正当な額に直すよう更正の請求をすることができる。

　また、相続のあった年に被相続人から贈与を受けたことにより贈与税の申告書を提出し、または税務署長から納税の決定処分を受けた者で、その相続または遺贈によって財産を取得したため贈与財産が相続税の課税価格に加算されたときは、そのことを知った日の翌日から4カ月以内に限って更正の請求ができる。

❸ 納　付

　贈与税は、贈与を受けた者が贈与税の申告書の提出期限までに金銭で一時に納付することが原則であるが、一定の要件のもと延納が認められる。ただし、**物納の制度はない**。

　さらに、期限内に申告書を提出して法定納期限までに贈与税を納付しなかった場合、または、期限後申告書や修正申告書を提出したことで納付すべき国税がある場合、それぞれの期限の翌日から**延滞税**が課される。

❹ 延　納

　贈与税の納付は金銭による一括納付が原則であるが、納期限までに、または納付すべき日に一時に金銭を納付することが困難で、申告による納付税額が10万円を超える場合は納税猶予期間が与えられる。これを延納といい、申請により5年以内の年賦延納が認められ

る。延納の許可を受けた場合、延納税額に納期限の翌日から**利子税**が課税される。

延納申請の手続は、贈与税の納期限または納付すべき日までに延納申請書に担保の提供に関する書類を添え、納税地の税務署長に提出する。なお、延納税額が**100万円以下**で、かつ、その延納期間が**3年以下**である場合、**担保の提供は必要ない**。

なお、贈与税の延納の要件等は、相続税の延納と同様である。また、贈与税の利子税の割合については、相続税の延納の利子税と同様に特例が設けられている（相続税の延納の詳細は、第3章第4節参照）。

❺ 贈与税の連帯納付義務

① 財産を贈与した者の連帯納付の責任

財産を贈与した者は、贈与を受けた者の贈与税額のうち、贈与した財産の価額に対応する部分の金額について、贈与した財産の価額に相当する金額を限度として、連帯納付の責任を負う。

なお、**連帯納付義務**に基づく贈与税の納付があった場合には、原則として債務免除等による利益の贈与があったものとみなされて、さらに贈与税が課されることがある。

② 贈与税が課された財産を取得した者の連帯納付の責任

贈与税の計算の基礎となった財産がさらに受贈者から贈与等により移転した場合は、その贈与等により財産を転得した者は、贈与した者の納めるべき贈与税額のうち、その取得した財産の価額に対応する部分の金額について、その受けた利益の価額に相当する金額を限度として、連帯納付の責任を負う。

実務上のポイント

- 贈与税の申告書を提出した後に、計算や評価方法の誤りなどで、課税価格や税額が多すぎたことに気が付いたときは、法定申告期限から 6 年以内に限り、正しい額に直すように更正の請求ができる。
- 受贈者が贈与税を納付していない場合、贈与者は、贈与した財産の価額に対応する贈与税部分について、当該贈与財産の価額に相当する金額を限度として連帯して納付しなければならない。
- 贈与税の延滞は、延納税額が100万円以下で、かつ、その延納期間が 3 年以下である場合、担保の提供は必要ない。

第 3 章

相続と税金

第**1**節

相続税の基本事項

❶ 相続税の意義

　相続税は、相続または遺贈（死因贈与を含む）により財産を取得した場合に、その取得した財産の価格を課税標準として課税される税金である。これは、相続または遺贈による不労所得（財産の偶然な取得）に対して担税力（税金を負担する能力）が発生したとする考え方や、富の集中を抑制する必要性から、財産の一部を国家が徴収して社会へ還元するといった考え方によるものである。

❷ 納税義務者

　相続税は、被相続人から相続や遺贈（死因贈与を含む）により財産を取得した者の課税価格の合計額が遺産に係る基礎控除額を超える場合に、その財産を取得した個人に課される税金である。したがって、納税義務者は原則として個人（自然人）であるが、代表者または管理者の定めのある人格のない社団・財団（人格のない社団等）、持分の定めのない法人（一般社団法人および一般財団法人等）も個人（いわゆる、みなし個人）とみなして相続税の納税義務者となる場合がある。

　相続税の納税義務者は、〔図表3−1〕のように区分される。

(1) 無制限納税義務者

　次の居住無制限納税義務者および非居住無制限納税義務者が取得した財産は、国内財産はもちろん、国外財産についても相続税の課税対象となる。

① 居住無制限納税義務者

　相続または遺贈（死因贈与を含む。以下同じ）により財産を取得した次に掲げる者で、

〔図表3-1〕相続税の納税義務の判定

A：居住無制限納税義務者 …国内国外すべての財産に課税
B：非居住無制限納税義務者…国内国外すべての財産に課税
C：居住制限納税義務者 …国内財産のみ課税
D：非居住制限納税義務者 …国内財産のみ課税

相続人（受遺者）	国内に住所あり		国内に住所なし			
			日本国籍あり			日本国籍なし
被相続人		一時居住者	10年以内に国内住所あり	10年以内に国内住所なし	
国内に住所あり	A	A	B	B		B
外国人被相続人 (※2)	A	C	B	D		D
国内に住所なし 10年以内に国内住所あり	A	A	B	B		B (※1)
国内に住所なし 非居住被相続人①	A	C	B	D		D
国内に住所なし 10年以内に国内住所なし 非居住被相続人②	A	C	B	D		D

2015年7月1日以降に「国外転出時課税の納税猶予の特例」の適用を受けていたときは、被相続人が相続開始前10年以内に「国内住所なし」でも、国外財産が課税対象に含まれる場合がある。
（※1） この区分について、一部条件付きで国内財産のみが課税対象となる場合がある。
（※2） 就労等のために日本に居住する外国人（居住期間を問わない）に係る相続については、国外に居住する外国人や日本に短期的に滞在する外国人が相続人等として取得する国外財産について、相続税の課税対象としない。

その財産を取得した時において**日本国内に住所を有する者**をいう。

a. **一時居住者でない個人**

b. 一時居住者である個人（その相続または遺贈に係る被相続人が外国人被相続人または非居住被相続人である場合を除く）

- 一時居住者とは、相続開始の時において在留資格を有する者で、その相続開始前15年以内に日本国内に住所を有していた期間の合計が10年以下である者をいう。

- 外国人被相続人とは、相続開始の時において在留資格を有し、かつ日本国内に住所を有していたその相続に係る被相続人をいう。

- 非居住被相続人とは、相続開始の時において日本国内に住所を有していなかった被相続人で、①その相続開始前10年以内に日本国内に住所を有したことがある者のうちその相続開始前15年以内に日本国内に住所を有していた期間の合計が10年以下である者（この期間引き続き日本国籍を有していなかった者に限る）、または、②その相続開始前10年以内に日本国内に住所を有したことがない者をいう。

第3章

② 非居住無制限納税義務者

相続または遺贈により財産を取得した次に掲げる者で、その財産を取得した時において日本国内に住所を有しない者をいう。

- a．日本国籍を有する個人で次に掲げる者
  - その相続または遺贈に係る相続開始前10年以内のいずれかの時において日本国内に住所を有していたことがある者
  - その相続または遺贈に係る相続開始前10年以内のいずれの時においても日本国内に住所を有していたことがない者（その相続または遺贈に係る被相続人が外国人被相続人または非居住被相続人である場合を除く）
- b．日本国籍を有しない個人（その相続または遺贈に係る被相続人が外国人被相続人または非居住被相続人である場合を除く）

（2）制限納税義務者

次の居住制限納税義務者および非居住制限納税義務者が取得した財産は、国内財産が相続税の課税対象となり、国外財産は課税対象とならない。

① 居住制限納税義務者

相続または遺贈により日本国内にある財産を取得した個人で、その財産を取得した時において日本国内に住所を有する者のうち、居住無制限納税義務者に該当しない者をいう。

② 非居住制限納税義務者

相続または遺贈により日本国内にある財産を取得した個人で、その財産を取得した時において日本国内に住所を有しない者のうち、非居住無制限納税義務者に該当しない者をいう。

なお、2018年4月1日以後の相続または遺贈において、その相続開始の時において国外に住所を有する日本国籍を有しない者等が、国内に住所を有しないこととなった時前15年以内において国内に住所を有していた期間の合計が10年を超える被相続人（その期間引き続き日本国籍を有していなかった者であって、その相続開始の時において国内に住所を有していない者に限る）から相続または遺贈により取得する国外財産については、相続税を課さないこととするとされた。

（3）特定納税義務者

贈与により相続時精算課税制度の適用を受ける財産を取得した個人（居住無制限納税義務者、非居住無制限納税義務者、居住制限納税義務者、非居住制限納税義務者に該当する

人を除く）をいう。

　特定納税義務者は、相続時精算課税適用財産について、相続税の課税対象になる。

❸ 課税財産と非課税財産

（1）相続や遺贈によって取得した財産

　相続税の課税対象となる財産は、被相続人が相続開始の時点において所有していた土地、家屋、立木および果樹、事業用の機械、器具、農機具等、棚卸資産、株式、預貯金、家庭用財産、書画・骨とう等、自動車、電話加入権、現金など、金銭で見積もることができるすべての財産である。

　したがって、被相続人が相続開始時点において所有していた次のような財産も含まれる。

①　被相続人が購入（新築）した不動産で、まだ登記していないもの

②　被相続人が購入した株式や登録公社債で、まだ名義換えや登録をしていないもの

③　所得税のかからない利子所得に係る預貯金、公社債、貸付信託および証券投資信託の受益証券

④　利子所得および配当所得の分離課税制度の適用を受けた預貯金、公社債、貸付信託の受益証券

⑤　被相続人の預貯金、公社債、割引債、貸付信託および証券投資信託の受益証券で、家族名義や第三者名義、無記名にしてあるもの

（2）みなし相続財産

　相続税法では民法上の相続または遺贈により取得した財産（本来の相続財産）には該当しないが、それと同様な経済的効果のあるものについて、みなし相続財産として相続税を課することとしている。

①　生命保険金等

　相続財産とみなされる生命保険金は、保険料の負担者が被相続人となっている生命保険契約で、その負担者の死亡を保険事故として相続人その他の者が受け取った保険金である。

　その保険金の受取人が相続人であれば相続により、その他の者であれば遺贈により取得したものとみなして、当該保険金のうち被相続人が負担していた保険料に対応する金額が相続財産とみなされる。

相続税の課税対象となる保険金額

$$\text{生命保険金または} \atop \text{損害保険金の額} \times \frac{\text{被相続人が負担した保険料の金額}}{\text{相続開始のときまでの払込保険料の全額}}$$

また、損害保険契約の損害保険金については、保険料の負担者の偶然の事故による死亡に伴い受け取った場合には、生命保険金と同じように相続財産とみなされる。

さらに、会社などが従業員（役員を含む）を被保険者として生命保険契約を結び、その保険料を会社が負担し、従業員の死亡により保険金をその相続人が受け取った場合は、保険料を従業員が負担したものとされ、みなし相続財産となる。また、受取人が会社で、保険金を従業員の退職金に充てることにしている場合は、次に説明する退職手当金等として、みなし相続財産となる。

なお、自動車事故等で死亡し、加害者側の保険会社から受け取る保険金には、相続税や所得税は課されない。

② **退職手当金等**

被相続人の死亡により、相続人、その他の者が被相続人が受け取るべきであった退職手当金、功労金など、被相続人の**死亡後3年以内に支給金額が確定**（被相続人の退職時期や、実際に支給される時期が死亡後3年以内であるかは問わない）した退職手当金等を受け取った場合には、みなし相続財産となり、相続税が課される。なお、被相続人の死亡後3年を経過後に支給金額が確定した退職手当金等は、一時所得として所得税・住民税が課される。退職手当金等とは、その名目にかかわらず、実質上、被相続人の退職手当金として支給されるものである。

なお、勤務先が生命保険会社や信託銀行などと退職年金契約を結び、退職手当金、功労金として、その生命保険会社や信託銀行から年金または一時金として相続人等に支給される年金、一時金は直接勤務先から受けるものではないが、退職手当金、功労金などと同様に取り扱われる。

また、被相続人の死亡により相続人等が被相続人の雇用主等から受ける弔慰金等（弔慰金、花輪代、葬儀料等）は本来、相続税の課税財産とはならないが、一定の基準を超える部分は退職手当金等に該当するものとして相続税が課される。なお、**被相続人の死亡後に確定した被相続人の賞与、死亡時に支給期の到来していない給料等は、本来の相続財産として課税される。**

③ **生命保険契約に関する権利**

生命保険契約の契約者には解約返戻金を受け取る権利がある（掛捨保険を除く）。通常、

保険料は契約者が負担するが、実際には、この保険料を負担するのが契約者でない場合がある。そこで、相続税法では、**契約者が保険料の負担者でない場合**に保険料を負担していた者が死亡したときは、死亡者が負担した保険料に対応する部分の生命保険契約に関する権利（解約返戻金を受け取る権利）は、契約者が相続または遺贈によって取得したものとみなして相続税を課すことにしている。

なお、保険契約者が保険料を負担していた場合にその者が死亡したときの生命保険契約に関する権利は、本来の相続財産として課税される。

④ 定期金に関する権利

相続開始のときに、まだ定期金の給付事由が発生していない定期金給付契約（生命保険契約を除く）で、被相続人が掛金の全部あるいは一部を負担し、被相続人以外の者が契約者となっている場合には、その定期金給付契約の権利のうち、被相続人が負担した掛金等の金額に対応する部分の権利については、被相続人から相続または遺贈により取得したものとみなして契約者に相続税が課される。

⑤ 保証期間付定期金に関する権利

保証期間付定期金給付契約（生命保険契約を含む）では、定期金受取人の生存中または一定期間の間、定期金を給付し、一定期間内に受取人が死亡したときは、相続人その他の者に対し継続して定期金または一時金を給付する。その場合、被相続人が負担した掛金等の金額に対応する部分の権利については、被相続人から相続または遺贈により取得したものとみなして継続定期金（一時金）受取人に相続税が課される。

⑥ 被相続人の遺言によって受けた次の利益等

- 信託の利益を受ける権利
- 著しく低い価額の対価で財産の譲渡を受けた場合の利益
- 債務の免除または第三者のためにする債務の弁済により受けた利益
- 農地等の生前一括贈与を受けた場合の贈与税の納税猶予の特例の適用を受けていた農地等

(3) 相続開始前の一定期間（3年～7年）内に被相続人から贈与を受けた財産

被相続人から相続や遺贈によって財産を取得した者が、相続開始前の一定期間内にその被相続人から贈与によって取得した財産の価額は、相続税の課税価格に加算され相続税の課税対象となる。この場合に加算する金額は贈与時の時価（相続税評価額）となる。

従来、**相続開始前3年以内**の贈与が加算対象であったが、2023年度税制改正により、相

続開始前 7 年以内に加算対象期間が延長された。しかし、改正後の適用を受けるのは2024年 1 月 1 日以後の贈与からに限られるため、7 年分すべて加算対象になるのは2031年 1 月 1 日以後に相続が開始した場合となる。また、相続開始前 3 年を超えて加算対象となる贈与財産の価額の合計額から100万円を控除することができる措置が設けられている。これを相続開始時期ごとにまとめると〔図表 3 - 2 〕のようになる。

〔図表 3 - 2 〕相続開始時期による贈与財産の価格と控除

相続開始時期	加算対象となる期間	相続開始前 3 年超100万円控除
2026年12月31日以前	相続開始前 3 年以内	対象期間なし
2027年 1 月 1 日以後 2030年12月31日まで	2024年 1 月 1 日から相続開始日まで	あり
2031年 1 月 1 日以後	相続開始前 7 年以内	あり

なお、この加算対象となる贈与財産に贈与税が課税されている場合には、同一物に対する相続税と贈与税の二重課税を避けるため、すでに課された贈与税額は相続税から控除することができる。ただし、相続税から控除しきれない贈与税相当額があっても、還付を受けることはできない。

また、次の金額については、上記の加算対象となる期間内の贈与であっても相続税の課税価格に加算されない。

①　贈与税の配偶者控除の適用を受けたもの、もしくは受けようとするもののうち、その控除額以下の部分の金額（特定贈与財産）

②　直系尊属から住宅取得等資金の贈与を受けた場合の贈与税の非課税を適用した住宅取得等資金のうち、非課税限度額以下の部分の金額

③　直系尊属から教育資金の一括贈与を受けた場合の贈与税の非課税を適用した金額のうち、贈与者死亡時までに教育資金として使用済の金額と贈与者死亡時までに未使用の管理残額のうち所定の要件に該当するもの（詳細は67ページ（ 6 ）贈与者が死亡した場合を参照）。

④　直系尊属から結婚・子育て資金の一括贈与を受けた場合の贈与税の非課税を適用した金額のうち、贈与者死亡時までに結婚・子育て資金として使用済の金額（贈与者死亡時に未使用の残額は加算される）

（4）相続時精算課税制度の適用を受けた贈与

相続時精算課税制度の適用を受けた贈与財産のうち、上記（ 3 ）②～④以外の贈与財産

については、贈与時期（7年以内）を問わず相続財産に加算される。

　加算対象となる金額は、原則としての贈与時の時価（相続税評価額）から基礎控除額（年間110万円、2023年以前の贈与は適用なし）控除後の金額である。ただし、一定の土地または建物が、2024年1月1日以後の災害によって一定の被害を受けた場合には、相続財産に合算する贈与財産の価額は、その災害によって被害を受けた部分に相当する額を控除した残額とされる。

　なお、この加算対象となる贈与財産に贈与税が課税されている場合には、同じ財産に対する相続税と贈与税の二重課税を避けるため、すでに課された贈与税額は相続税から控除することができ、相続税から控除しきれない**贈与税相当額は還付を受けることができる**。

④ 相続税が課されない財産（相続税の非課税財産）

　相続税法では、国民感情や社会政策的見地などから、相続税の課税対象にならない非課税財産が決められている。相続税の非課税財産には、次のようなものがある。

(1) 死亡保険金

　被相続人の死亡により相続人が受け取った**生命保険金**、損害保険金等のうち被相続人が負担した保険料に対応する部分について、法定相続人1人につき500万円までの金額が非課税財産として相続財産から控除される。

　死亡保険金受取人となっている相続人が、死亡保険金とともに受け取った払戻しによる前納保険料は、死亡保険金とともに死亡保険金の非課税金額の規定が適用される。

> **死亡保険金の非課税限度額＝500万円×法定相続人の数**

　非課税限度額は、受取人数にかかわらず、「500万円×法定相続人の数」が適用される。法定相続人の数は**相続を放棄した者を含み**、養子については、「遺産に係る基礎控除額」を計算する際の「法定相続人の数」と同様、一定の制限がある。

　相続人が取得した保険金の合計額が非課税限度額以下である場合、その相続人が取得した生命保険金は全額が非課税になる。相続人が取得した保険金が非課税限度額を超える場合、各人の取得した生命保険金のうち、以下の算式により計算した金額が非課税になる。

$$各人の非課税金額＝非課税限度額×\frac{その相続人が取得した保険金}{相続人が取得した保険金の合計額}$$

なお、非課税金額の適用は相続人（法定相続人の数に算入されなかった養子を含む）に限られ、相続人以外の者や相続を放棄した者が生命保険金を取得したときは、非課税金額の適用はないため、取得した保険金の全額が課税対象となる。

（2）死亡退職金

被相続人の死亡により相続人に支給される**死亡退職金等**のうち、法定相続人1人につき500万円までの金額が、非課税財産として相続財産から控除される。

> 死亡退職金の非課税限度額＝500万円×法定相続人の数

なお、死亡保険金と同様、相続を**放棄した者**などが死亡退職金等を取得したときは、取得した死亡退職金等の**全額が課税対象**となる。

（3）弔慰金

被相続人の死亡により、相続人、その他の者が受ける**弔慰金**、花輪代、葬祭料等については、以下の金額までが非課税となる。

> ①被相続人の死亡が**業務上**であるとき⇒ 被相続人の死亡時の普通給与×36カ月分
>
> ②被相続人の死亡が**業務上以外**であるとき⇒ 被相続人の死亡時の普通給与× 6 カ月分

ここでいう普通給与とは、賞与を除き、扶養手当等を含んだものをいう。

なお、弔慰金の名目の支払であっても、上記金額を超えるものは退職手当金等に該当するものとして、みなし相続財産となる。ただし、労働者災害補償保険法に規定する遺族補償給付、葬祭料や健康保険法に規定する埋葬料等は非課税である。

（4）その他

① 墓所・霊廟・仏具・仏像等

祖先の霊を祀る**墓所**や**仏壇**・位牌等は非課税である。ただし、美術工芸品・骨董品等として所有しているものは課税財産となる。

② 香典

香典（花輪代を含む。社会通念上相当の金額であること）は遺族に贈られるものなので相続財産には入らない。

❺ 債務控除

（1）債務控除の対象

相続税は、被相続人の正味財産に対して課税されるものであるため、被相続人が残した借入金や、未払の医療費などのマイナスの財産（消極財産）は相続財産から控除することができる。また、葬式費用は、被相続人の債務ではないが、相続に伴い必然的に生ずる費用であり、通常、相続財産から支払われるものと考えられるため控除が認められている。

債務控除は、債務を負担した者が無制限納税義務者等（居住・非居住）、制限納税義務者等（居住・非居住）のいずれかによって以下のとおり定められているが、いずれの場合も相続人、包括受遺者および相続人である特定受遺者に限って認められており、相続人以外の特定受遺者は債務控除が認められない。たとえば、相続人でない孫が特定の財産を遺贈により取得した場合、その孫が債務を負担しても債務控除は認められない。また、**相続放棄者**や相続権を失った者も、原則として**債務控除は認められない**が、これらの者が負担した葬式費用で**現実に負担した金額**については、遺贈または相続時精算課税制度により取得した財産の価額から**債務控除しても差し支えない**こととされている。

① 無制限納税義務者（居住・非居住）の場合

以下に掲げる債務のうち、その者の負担に属する部分の金額が債務控除の対象になる。

- 被相続人の債務で相続開始の際、現に存するもの（租税公課を含む）
- 被相続人に係る葬式費用

② 制限納税義務者（居住・非居住）の場合

相続税の課税対象とされる財産に係る以下に掲げる債務のうち、その者の負担に属する部分の金額が債務控除の対象になる。

- その財産に係る租税公課
- その財産を目的とする留置権、特別の先取特権、質権または抵当権で担保される債務
- その財産の取得、維持または管理のために生じた債務
- その財産に関する贈与の義務

● 被相続人が死亡の際、日本国内に営業所または事業所を有していた場合においては、その営業所または事業所に係る営業上または事業上の債務

なお、制限納税義務者が葬式費用を負担しても債務控除は認められない。

(2) 債務控除の具体的範囲

① 借入金・租税公課等

債務については、相続開始の際に確定しているものに限り控除することができる。たとえば、相続開始時の被相続人の借入金や未払となっている租税公課（固定資産税や住民税、準確定申告に係る所得税など）等は相続人が承継することになっているため、これらの負債はマイナス相続財産となり、ほかの相続財産から控除される。

なお、団体信用生命保険付きの住宅ローンは、被相続人の死亡によりローン相当分が保険会社から保険金で返済される仕組みであるため、債務には該当しない。また、非課税財産の取得、維持のために生じた債務は控除されない。たとえば、被相続人が生存中に墓碑を買い入れ、その代金が未払となっているような場合には、その未払代金は債務として控除できない。

遺言執行者である弁護士に支払った遺言執行費用は、相続開始後に発生した費用であるため、債務控除することはできない。

② 保証債務

保証債務は原則として控除されない。ただし、相続開始時に主たる債務者が弁済不能の状態にあるため、保証債務者が債務を履行しなければならない場合で、かつ、主たる債務者に求償しても返還を受ける見込みのない場合は、主たる債務者が弁済不能の部分の金額は、その保証債務者の債務として控除できる。

(3) 葬式費用の具体的範囲

葬式費用には、葬式や葬送費用、埋葬、火葬、納骨等に伴い支出されるもの、葬儀当日における飲食費用、交通費、お布施、お経料、戒名料等が含まれる。控除金額は、領収書がなくても、「いつ、だれに、何の目的で、いくら支払ったか」の正確なメモがあれば、常識的な金額なら差し引くことができる。

ただし、香典返戻費用、墓地・墓碑の購入費用、初七日や四十九日などの法会費用等は控除される債務には含まれない。

実務上のポイント

- 相続を放棄した者が死亡退職金等を取得したときは、死亡保険金と同様、取得した死亡退職金等の全額が課税対象となる。
- 相続開始時の被相続人の借入金や未払となっている租税公課（固定資産税や住民税、準確定申告に係る所得税など）等はほかの相続財産から控除される。
- 保証債務は原則として控除されないが、相続開始時に主たる債務者が弁済不能の状態にあるため、保証債務者が債務を履行しなければならない場合で、かつ、主たる債務者に求償しても返還を受ける見込みのない場合は、主たる債務者が弁済不能の部分の金額は、その保証債務者の債務として控除できる。
- 相続税法では、契約者が保険料の負担者でない場合に、保険料を負担していた者が死亡したときは、死亡者が負担した保険料に対応する部分の生命保険契約に関する権利（解約返戻金を受け取る権利）は、契約者が相続または遺贈によって取得したものとみなして相続税が課される。
- 被相続人が生前に購入した墓碑の購入費で、相続開始時に未払であったものについて、相続開始後に相続人が負担した未払代金は、債務控除の対象とならない。

相続税の計算の仕組み

① 相続税額の計算の流れ

相続税の算出は〔図表3－3〕の流れで行われる。

相続や遺贈により財産を取得した人ごとに、本来の相続財産とみなし相続財産を把握し、そこから非課税財産に該当するものを差し引く。次に被相続人の債務と葬式費用を差し引く。そして、相続人が相続開始前一定期間（3年～7年）内に被相続人からの贈与により取得した財産や相続時精算課税制度による贈与財産がある場合には、その贈与財産を加算する。ここで求められたものを課税価格といい、各人のこの課税価格を合計したものを課税価格の合計額という。

$$
\begin{aligned}
\text{課税価格} = &\left(\begin{array}{l}\text{相続または遺贈により取得}\\\text{した本来の相続財産の価額}\end{array}\right) + \left(\begin{array}{l}\text{みなし相続}\\\text{財産の価額}\end{array}\right) - \left(\begin{array}{l}\text{非課税財}\\\text{産の価額}\end{array}\right) \\
&+ \left(\begin{array}{l}\text{相続時精算課税制度に}\\\text{よる贈与財産の価額}\end{array}\right) - \left(\begin{array}{l}\text{債務および葬}\\\text{式費用の金額}\end{array}\right) \\
&+ (\text{相続開始前一定期間（3年～7年）内の贈与財産の価額})
\end{aligned}
$$

次に、課税価格の合計額から遺産に係る基礎控除額を差し引いて課税遺産総額を求める。

さらに、遺産を実際に相続人の間でどのように分割したかに関係なく、課税遺産総額を被相続人の法定相続人が法定相続分に応じて取得したものと仮定して各法定相続人の仮の取得金額を計算し、この各法定相続人の仮の取得金額にそれぞれ相続税の税率を掛けた金額を合計する。この金額を**相続税の総額**という。相続税の総額は、その相続に際して税務署に支払うべき税額合計である。

最後に、相続税の総額を誰がいくら税務署に支払うかを決める。自分が相続により取得した財産の額に応じて負担する税額が決まり、各納税者の個人的事情を考慮した加算、控除等を行い、実際に各人が税務署に支払うべき税額が決定する。

〔図表 3 - 3〕相続税額の計算の流れ

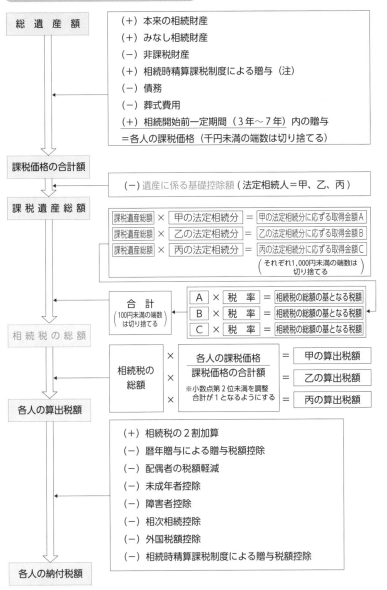

2 遺産に係る基礎控除額

遺産に係る基礎控除額は、次の式により計算する。

> **遺産に係る基礎控除額＝3,000万円＋600万円×法定相続人の数**

なお、「法定相続人の数」とは、原則として民法で定められている法定相続人の数を指すが、以下の項目に注意する必要がある。以下の項目は、死亡保険金および死亡退職金の非課税限度額を算出する際（500万円×法定相続人の数）も同様である。

(1) 相続放棄があった場合

相続の放棄があった場合でも、その放棄がなかったものとした場合の相続人の数となる。

(2) 養子の数の制限

被相続人に養子がいる場合は、相続税の課税回避を防ぐために、法定相続人に含めることができる養子の数は、次のように制限される。

- 被相続人に実子がいる場合……養子が何人いても養子は1人とする
- 被相続人に実子がいない場合…養子が1人のときは1人、養子が2人以上のときは2人とする

(3) 養子でも実子とみなされる場合

特別養子縁組による養子や、配偶者の実子で被相続人の養子となったもの（いわゆる連れ子養子）は実子とみなされる。また、代襲相続人は養子の子であっても実子とみなされる。

なお、相続開始時の胎児は、既に生まれたものとみなされ、相続人としての地位を有する。ただし、申告書を提出する日までに出生していないときは、相続人の数には入れない。

3 課税遺産総額

課税遺産総額は、課税価格の合計額から遺産に係る基礎控除額を差し引いて求められる。

> 課税遺産総額＝課税価格の合計額－遺産に係る基礎控除額

④ 相続税の総額

　相続税の総額は、課税遺産総額を、被相続人の**法定相続人**が**法定相続分どおりに取得したものと仮定して**各法定相続人の仮の取得金額を計算し、この各法定相続人の仮の取得金額にそれぞれ相続税の税率を適用して求めた各人の相続税の総額を指す。

　したがって、遺産が分割されているかどうかにかかわらず、また相続人の間で実際に誰がどれだけ遺産を取得して分割したかにかかわらず、相続税の総額は一定である。

(1) 法定相続分に応じた取得金額

　課税遺産総額を法定相続人（相続を放棄した者を含む）がその法定相続分で取得したものと仮定して、各法定相続人の仮の取得金額を算出する。

> 各法定相続人の仮の取得金額^(※)＝課税遺産総額×各人の法定相続分
> 　（※）　取得金額の1,000円未満の端数は切り捨て

(2) 相続税の総額の基となる税額

　各法定相続人の仮の取得金額について、それぞれ相続税の税率を適用して各法定相続人の仮の税額（相続税の総額の基となる税額）を算出する〔図表3-4〕。

> 各法定相続人の仮の税額＝各法定相続人の仮の取得金額×税率－控除額

(3) 相続税の総額

　各法定相続人の仮の税額を合計し、相続人等が全体として負担すべき金額を算出する。この合計額を相続税の総額という。

> 相続税の総額^(※)＝各法定相続人の仮の税額の合計
> 　（※）　相続税の総額の100円未満の端数は切り捨て

〔図表3−4〕相続税の速算表

法定相続分に応ずる取得金額		税率	控除額
	1,000万円以下	10%	—
1,000万円超	3,000万円以下	15%	50万円
3,000万円超	5,000万円以下	20%	200万円
5,000万円超	1億円以下	30%	700万円
1億円超	2億円以下	40%	1,700万円
2億円超	3億円以下	45%	2,700万円
3億円超	6億円以下	50%	4,200万円
6億円超		55%	7,200万円

❺ 各人の算出税額

　相続人等が支払う相続税の総額が求められたら、次は、この相続税の総額のうち、実際に誰がいくら税務署に納付するかの金額を求めることになる。相続等により財産を取得した各人の納付税額は、各人の財産の取得割合（あん分割合）に応じて、相続税の総額のうち各人が負担すべき算出税額が決まる。

(1) あん分割合

　あん分割合とは、課税価格の合計額に占める各人の課税価格の割合のことである。課税価格の合計額は基礎控除額を控除する前の金額である。

> 各人のあん分割合 (※) ＝ $\dfrac{各人の課税価格}{課税価格の合計額}$
>
> （※）　小数点以下2位未満の端数がある場合は、各取得者の割合を合計して1.00になるよう、その端数を調整

(2) 各人の算出税額

　相続税の総額に各人のあん分割合を乗じて、各人の算出税額（負担すべき税額）を計算する。

> 各人の算出税額＝相続税の総額×各人のあん分割合

　上記で計算した各人の算出税額をもとに、各人の個人的事情を考慮して、後述する加算、控除を行い、最終的に各人が税務署に納付する納付税額（100円未満切捨て）が決定する。

Q: 例 題

《設例》

　Aさん（72歳）は、まだ生活に不自由はないが、年齢のこともあり、そろそろ相続のことを真剣に考えようと考えている。

　Aさんには、妻のBさん、長男Cさん、二男Dさんがいる。もう一人長女Eさんがいたが、3年前に他界している。長女Eさんには子（孫Hさん）がおり、Aさんとは普通養子縁組をしている。

　Aさんには財産として、複数の土地があり、相続税が高額になることを心配している。また、遺産相続で親族がもめないように生前贈与などの分割対策も立てておきたいと考えている。

　Aさんの親族関係図およびAさんが所有している土地に関する資料等は、以下のとおりである。

　なお、長男Cさんは、2023年に「直系尊属から住宅取得等資金の贈与を受けた場合の贈与税の非課税」を適用し、Aさんから500万円の贈与を受けている。

〈Aさんの親族関係図〉

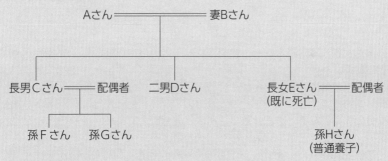

〈Aさんが所有している土地に関する資料〉

- 甲土地（Aさんが所有している自宅の敷地）
  宅地面積440㎡　自用地評価額7,600万円
- 乙土地（Aさんが所有している事業用建物の敷地）
  宅地面積300㎡　自用地評価額6,000万円
- 丙土地（Aさんが所有している賃貸アパート（入居率100%）の敷地）
  宅地面積250㎡　自用地評価額2,000万円
  借地権割合：70%　借家権割合30%

※上記以外の条件は考慮せず、各問に従うこと。

《問》 仮にAさんが2024年中に死亡して、長男Cさんに係る相続税の課税価格が1億320万円、相続税の課税価格の合計額が2億5,800万円である場合、長男Cさんの納付すべき相続税額を求めなさい。〔計算過程〕を示し、〈答え〉は万円単位とすること。

〈資料〉相続税の速算表

法定相続分に応ずる取得金額		税率	控除額
万円超	万円以下		
〜	1,000	10%	－
1,000 〜	3,000	15%	50万円
3,000 〜	5,000	20%	200万円
5,000 〜	10,000	30%	700万円
10,000 〜	20,000	40%	1,700万円
20,000 〜	30,000	45%	2,700万円
30,000 〜	60,000	50%	4,200万円
60,000 〜		55%	7,200万円

A:

① 法定相続人は、妻Bさん、長男Cさん、二男D、孫Hさん（普通養子）の4人である。
② 法定相続分は、妻Bさんが2分の1、長男Cさん、二男Dさんが8分の1、孫Hさんが4分の1（養子として8分の1、代襲相続人として8分の1の合計4分の1）となる。なお、孫Hさんは代襲相続人であり、養子でもあるため相続税の計算上、法定相続人の数は1人と数える。
③ 基礎控除額は、3,000万円＋600万円×法定相続人4人＝5,400万円
④ 課税遺産総額は、2億5,800万円－5,400万円＝2億400万円
⑤ 相続税の総額は、以下の計算による。

妻Bさん　2億400万円×$\frac{1}{2}$＝1億200万円

1億200万円×40%－1,700万円＝2,380万円

長男Cさん、二男Dさん

2億400万円×$\frac{1}{8}$＝2,550万円

2,550万円×15%－50万円＝332万5,000円

$$332万5,000円 \times 2人 = 665万円$$

孫Hさん　$2億400万円 \times \dfrac{1}{4} = 5,100万円$

$$5,100万円 \times 30\% - 700万円 = 830万円$$

合計2,380万円 + 665万円 + 830万円 = 3,875万円

⑥　長男Cさんの算出税額は、$3,875万円 \times \dfrac{1億320万円}{2億5,800万円} = 1,550万円$

　長男Cさんは、「直系尊属から住宅取得等資金の贈与を受けた場合の贈与税の非課税」を適用しているが、相続財産に加算されるわけではないので、計算上は考慮する必要はない。

答　1,550万円

6 各人の納付税額

(1) 相続税額の2割加算

　相続や遺贈により財産を取得した人が、被相続人の**一親等の血族**（親、子およびその代襲相続人である孫など）**および配偶者以外の場合**は、その人の相続税額にその算出税額の2割に相当する金額を加算する。

相続税額＝算出相続税額＋算出相続税額×20％

　この税額の2割加算の制度は、被相続人の遺産の形成に貢献した人と貢献していない人との調整を図るため、また相続財産の取得が親、子、配偶者に比べ偶然性が強い人は担税力が強いと考えられる等の理由により設けられている。

　なお、被相続人と養子縁組をしている被相続人の直系卑属（孫など）は、養子縁組により一親等の血族となったとしても、2割加算の対象に含まれる。ただし、**代襲相続人である孫は2割加算の対象には含まれない**。

(2) 暦年課税分の贈与税額控除

　相続や遺贈により財産を取得した人が、その被相続人から相続開始前一定期間（3年～7年）内に贈与を受けている場合は、その財産は相続税の課税価格に加算して相続税額を

計算することになっている。しかし、その贈与財産には、すでに贈与税が課税されている場合がある。そこで同一物に対する相続税と贈与税の二重課税を避けるため、その加算した贈与財産に係る贈与税額がその相続人の算出税額から控除される。

なお、控除される贈与税は本税のみで、延滞税、利子税、過少申告加算税、無申告加算税および重加算税は控除されない。

相続税額から控除できる贈与税額は、次のとおりである。

$$贈与税額控除 = その贈与を受けた年分の贈与税額 \times \frac{相続税の課税価格に加算された贈与財産の価額}{その年分の贈与税の課税価格^{(※)}}$$

（※）贈与税の課税価格は、贈与税の基礎控除前の価額であるが、贈与税の配偶者控除の適用を受けている場合は、配偶者控除後で、かつ基礎控除前の価額

上記の算式により、その年分の贈与税額のうち、相続税の課税価格に加算された財産に対応する贈与税額を算出する。したがって、被相続人からだけ贈与を受け、そのすべてが相続税の課税価格に加算されている場合は、その年分の贈与税額をそのまま相続税額から控除すればよい。

なお、控除する額が相続税額を上回る場合でも、超過する部分は還付されない。

(3) 配偶者の税額軽減

配偶者が相続財産を取得した場合の相続税については、財産形成についてお互いの協力があったこと、同一世代間の財産移転であること、配偶者の老後の生活安定といったことなどを考慮して、税負担の軽減措置がとられている。

配偶者の税額軽減額は、次のとおりである。

$$配偶者の税額軽減額 = 相続税の総額 \times \frac{A}{相続税の課税価格の合計額 B}$$

A は次の①、②のうち少ないほうの金額
① B ×配偶者の法定相続分（1億6,000万円のほうが多いときは1億6,000万円）
②配偶者の取得した財産の価額（課税価格）

この軽減措置によれば、原則として、①相続税の課税価格の合計額に対する配偶者の法定相続分までの財産額に対しては配偶者には相続税は課税されず、②たとえその金額を超える財産を取得したとしても1億6,000万円までの財産の取得に対しては課税されないことになる。

上記の計算式において、配偶者の課税価格に含まれる財産は次のとおりである。

● 単独相続によって取得した財産

- 申告期限内に遺産分割によって取得した財産
- 特定遺贈によって取得した財産
- 相続開始前一定期間（3年〜7年）内に被相続人から贈与によって取得した財産で、相続税の課税価格に加算されるもの
- 相続税法上の相続や遺贈によって取得したものとみなされる財産

配偶者の税額軽減の適用を受けるためには、次の要件を備えていることが必要である。

① **法律上の婚姻関係にあること**

婚姻期間の長短とは関係なく、内縁関係にある場合は適用されない。また、配偶者が相続を放棄した場合でも遺贈等による取得財産について、配偶者の税額軽減を適用することができる。

② **相続税の申告書を提出すること**

控除後の税額がゼロでも、この規定の適用を受ける旨等一定の事項を記載した相続税の申告書を提出することが条件になる。

③ **申告期限までに遺産分割が決まり、配偶者の相続財産が確定していること**

なお、申告期限までに遺産分割が行われなかった場合であっても、申告期限後3年以内に遺産分割が行われた場合は税額軽減が受けられる。このような場合は、遺産分割後4カ月以内に更正の請求をすれば、納めすぎた税金は還付される。また、申告期限後3年以内に遺産分割ができない特別の事情があるため税務署長の承認を受けて一定期間内に遺産分割が行われた場合も同様である。

（4）未成年者控除

相続や遺贈により財産を取得した人が、居住無制限納税義務者および非居住無制限納税義務者である法定相続人で、かつ、相続開始時に18歳未満である場合は、その相続人の相続税額から、18歳に達するまでの年数1年につき10万円を乗じた金額が控除される。

なお、その相続人の相続税額が少なくて、未成年者控除額を全額控除しきれない場合は、扶養義務者の相続税額から控除することができる。

未成年者控除額＝（18歳−相続開始時年齢 [※1]）×10万円

（※1）　1歳未満の端数は切捨て
（※2）　その未成年者が今回の相続以前の相続において未成年者控除を受けているときは、控除額に一定の制限が行われる。

第3章

(5) 障害者控除

　相続や遺贈により財産を取得した人が、居住無制限納税義務者である法定相続人で、かつ、障害者である場合は、その相続人の相続税額から、その人が85歳に達するまでの年数1年につき一般の障害者で10万円、特別障害者は20万円を乗じた金額が控除される。

　なお、その相続人の相続税額が少ないことにより、障害者控除を全額控除しきれない場合は、扶養義務者の相続税額から控除することができる。

障害者控除額＝（85歳−相続開始時年齢$^{(※1)}$）×10万円（特別障害者は20万円）
　（※1）　1歳未満の端数は切捨て
　（※2）　その障害者が今回の相続以前の相続において障害者控除を受けているときは、控除額に一定の制限が行われる。

---

(6) 相次相続控除

　一般的には、相続の開始があってから次の相続の開始までは相当の期間があり、この場合には、相続税の負担も特に問題とならないと考えられるが、これに反し、短期間に相続の開始が続いた場合は、相続税の負担が過重となる。

　このため、相次相続控除の制度でその負担の調整が図られている。すなわち、**10年以内**に**2回以上の相続**（1回目の相続を一次相続、2回目の相続を二次相続という）があり、二次相続の被相続人が死亡前10年以内に一次相続により財産を取得している場合は、二次相続の相続人の税額から以下の計算により算出された金額が控除される。

各相続人の相次相続控除額＝ $A \times \dfrac{C}{B-A} \times \dfrac{D}{C} \times \dfrac{10-E}{10}$
　（※）　$\dfrac{C}{B-A}$ が1を超えるときは1とする。
　A…二次相続の被相続人が一次相続により取得した財産に課税された相続税額（本税のみ）
　B…二次相続の被相続人が一次相続により取得した財産の価額$^{(※)}$
　C…二次相続により相続人および受遺者の全員が取得した財産の合計額$^{(※)}$
　D…二次相続によりこの控除の対象となった人が取得した財産の価額$^{(※)}$
　E…一次相続から二次相続までの年数（1年未満の端数は切捨て）
　（※）　B、C、Dの価額は債務控除後の金額

　なお、相続を放棄した人、または相続権を失った人は、たとえその人が遺贈によって財産を取得していても、相次相続控除を受けることはできない。

(7) 外国税額控除

　外国にある財産を相続や遺贈によって取得したため、その財産について外国で相続税に相当する税金が課税された場合には、国際間の二重課税を防止するため、その者の相続税額から外国税額控除として次の算式により計算した金額を上限に、外国において課せられた日本の相続税に相当する税額が控除される。

外国税額控除額

$$日本の相続税額 \times \frac{相続税の課税価格に算入された外国財産の価額-当該財産に係る債務金額}{相続税の課税価格}$$

(8) 相続時精算課税分の贈与税額控除

　相続時精算課税制度の適用を受けた贈与財産は、非課税となる贈与（住宅取得等資金贈与、教育資金贈与、結婚・子育て資金贈与など）のうち一定のものや基礎控除額（年間110万円）を除き、贈与時期（7年以内）を問わず相続財産に加算して相続税額が計算される。したがって、相続時精算課税制度による生前贈与時に課された贈与税額は相続税額から控除することができる。その際、相続税額から控除しきれない贈与税額は還付を受けることができる。

実務上のポイント

- 相続税の計算上、遺産に係る基礎控除額は「3,000万円＋600万円×法定相続人の数」にて算出する。
- 各人の算出税額を計算する場合、相続や遺贈によって財産を取得した者が、被相続人の一親等の血族（代襲相続人を含む）および配偶者以外の者である場合には、その者の算出税額にその相続税額の2割に相当する金額を加算する。
- 配偶者に対する相続税額の軽減により、配偶者の法定相続分または1億6,000万円のいずれか多い金額まで相続や遺贈により財産を取得しても、相続税はかからない。
- 相続や遺贈により財産を取得した人が、居住無制限納税義務者である法定相続人で、かつ、障害者である場合は、その相続人の相続税額から、その人が85歳に達するまでの年数1年につき一般の障害者で10万円、特別障害者は20万円を乗じた金額が相続税額から控除される。
- 10年以内に2回以上の相続（1回目の相続を一次相続、2回目の相続を二次相続という）があり、二次相続の被相続人が死亡前10年以内に一次相続により財産を取得し相続税を納税している場合は、二次相続の相続人の税額から一定の計算により算出された金額が相続税額から控除される。

第3節

相続税の申告

❶ 申告書の提出義務

　課税価格の合計額が遺産に係る基礎控除額以下である場合には、被相続人から相続や遺贈により財産を取得したいずれの者も相続税の申告をする必要はない。また、**相続時精算課税制度の適用を受けていた場合でも、相続財産と受贈財産とを合わせて基礎控除額以下であれば、相続税の申告をする必要はない。**

　なお、申告書を提出すべき者が提出期限前に申告書を提出しないで死亡した場合には、その相続人は、その相続の開始があったことを知った日の翌日から**10カ月以内**に死亡した者に係る申告書を提出しなければならない。

(1) 申告によって課税されないケース

　申告することにより相続税が課されない場合には、相続税の申告が必要である。

　これは、小規模宅地等についての相続税の課税価格の計算の特例を適用したことにより課税価格の合計額が遺産に係る基礎控除額以下となる場合や、相続税が発生するが配偶者の税額軽減により相続税の納付義務がなくなる場合等である。また、相続時精算課税制度の適用を受ける者で、相続税から控除しきれない贈与税額の還付を受ける場合には、**相続税の申告が必要である。**

　このため、これらに該当する場合には、納税義務がなくても通常の申告書の作成と同じ作業が必要となる。

　そのためには、前提条件として、申告書の提出までに遺産分割が終了していることが重要となる。

　被相続人の遺産の全部または一部が相続税の申告期限までに共同相続人または包括受遺者によって分割されていない場合においては、課税価格の計算は法定相続の割合に従って取得したものとして計算する。この場合、配偶者の税額軽減、小規模宅地等についての相

続税の課税価格の計算の特例は不適用となる。また、非上場株式等についての相続税の納税猶予の特例も不適用となる。

なお、生命保険金や死亡退職金などの非課税は、申告することが要件となっていないため、これら非課税財産を控除することにより課税価格の合計額が遺産に係る基礎控除額以下となる場合、**相続税の申告をする必要はない。**

(2) 提出期限

相続税の申告書の提出期限は、相続のあったことを知った日の翌日から計算して10カ月目の日であり、相続税の申告書の提出期限が土曜日・日曜日・祝日などにあたるときは、これらの日の翌日が申告書の提出期限となる。

(3) 提出先

相続税の申告書の提出先は、**被相続人の死亡のときにおける住所地の所轄税務署長**であり、財産を取得した個々の相続人の住所地の所轄税務署長ではない。

相続税の申告書は、同じ被相続人から相続や遺贈により財産を取得した者が共同で作成して提出する。しかし、これらの者の間で連絡がとれない、その他の理由で申告書を共同で作成して提出することができないような場合には、別々に申告してもさしつかえない。

なお、被相続人の死亡時の住所地が国内にない場合は、居住無制限納税義務者、特定納税義務者はそれらの者の国内の住所地が提出先となり、非居住無制限納税義務者、制限納税義務者、居住無制限納税義務者および特定納税義務者のうち国内に住所および居所を有しないこととなった者については、次のとおりである。

- 納税地を定めた場合………その納税地
- 納税地を定めない場合……国税庁長官が指定した納税地

❷ 申告の修正

(1) 期限後申告

期限内申告書を提出すべき義務のある者は、期限内申告書の提出期限後においても、税務署長の課税価格および相続税の決定の通知があるまでは、期限後申告として期限後申告書を提出することができる。

　申告書の提出期限後において、一定の事由が生じたため、新たに納付すべき相続税額があることとなった者は、期限後申告書を提出することができる。

　ただし、原則として、納付税額が50万円までは15％、50万円超の部分は20％、2024年1月1日以後に法定申告期限が到来する国税から300万円超の部分は30％が**無申告加算税**として課される（自主申告の場合は5％）。なお、法定申告期限から1カ月以内に申告書を提出し、かつ、納付すべき税額の全額を法定納期限までに納付し、その期限後申告を提出した日の前日から起算して5年前までの間に、無申告加算税または重加算税を課されたことがなく、かつ、期限内申告をする意思があったと認められる場合の無申告加算税の不適用を受けていない場合は、無申告加算税が課されることはない。

（2）修正

　相続税の申告書を提出したあとで、申告をしなかった財産があったり、評価方法の誤りなどがあり課税価格や税額が少なかったことに気がついたときは、前に提出した相続税の申告書に記載した課税価格や税額を修正するための修正申告書を提出することができる。

　なお、税額を少なく申告した過少申告の場合、原則として納付税額の10％（期限内申告税額と50万円のいずれか多い金額を超える部分は15％）の**過少申告加算税**が課されることになるが、更正を予知する前に自主申告をした場合は課されない。

　隠匿や虚偽による過少申告や無申告の場合には、税額の35％または40％の**重加算税**が課される。

（3）更正

　相続税の申告書を提出したあとで、計算や評価方法の誤りなどで、課税価格や税額が多すぎたことに気がついたときは、原則として**法定申告期限から5年以内**に限り、誤っていた課税価格や税額を正当な額に直すよう更正の請求をすることができる。

　また、相続税の申告書を提出したあとで、一定の事由が生じたため、前に申告した税額が多すぎることとなったときは、その事由が生じた日の翌日から4カ月以内に、更正の請求をすることができる。

実務上のポイント

- 小規模宅地等の評価減の特例を適用したことにより課税価格の合計額が遺産に係る基礎控除額以下となる場合や、相続税が発生するが配偶者に対する相続税額の軽減により相続税の納付義務がなくなる場合などは、相続税額がゼロとなっても申告が必要である。
- 生命保険金や死亡退職金などの非課税は、申告することが要件となっていないため、これら非課税財産を控除することにより課税価格の合計額が遺産に係る基礎控除額以下となる場合、相続税の申告をする必要はない。

第4節

相続税の納付

① 納　付

　相続税の申告書を期限内に提出した者は、原則としてその申告書の提出期限（法定納期限）までに、相続税を納付しなければならない。納期限までに納めなかった場合は、法定納期限の翌日から納付した日までの日数に応じて、未納の税額に延滞税が課される。

①　預貯金での納付

　預貯金から金銭による納付をする場合は、納付書に、氏名、税額、申告書を提出した税務署名などを記入し、最寄りの金融機関、郵便局または税務署の管理徴収部門で納付する。

②　株式や土地を売却して納付する場合

　一定期間内に相続した株式や土地を売却して金銭による納付を行う場合には、その売却についての譲渡所得において相続財産の取得費の特例が活用できる。

② 延　納

　相続税は金銭で一時に納付することが原則であるが、申告または更正・決定により納付することとなった相続税額が10万円を超え、納期限とすべき日に金銭で納付することを困難とする事由がある場合は、その納付を困難とする金額を限度として、担保を提供して申請書を提出すれば、税金を年賦で納めることができる。これを延納という。延納期間中は利子税が課される〔図表3－5〕。

　なお、その相続税に付帯する延滞税、加算税および連帯納付義務等については、延納の対象にはならない。また、延納税額が100万円以下で、かつ、その延納期間が3年以内である場合には、担保を提供する必要はない。

〔図表3－5〕延納期間と相続税の利子税

区　　分	延　納　期　間（最高）		利子税（※3）（※4）
一般の場合		5 年	年6.0％（0.7％）
相続財産のうち不動産等（※1）（※2）の価額の占める割合が50％以上75％未満の場合	不動産等の価額に対応する部分の延納税額	15年	年3.6％（0.4％）
	その他の財産に対応する部分の延納税額	10年	年5.4％（0.6％）
上記の割合が75％以上の（※2）場合	不動産等の価額に対応する部分の延納税額	20年	年3.6％（0.4％）
	その他の財産に対応する部分の延納税額	10年	年5.4％（0.6％）

（※1）　不動産等とは、不動産や不動産の上に存する権利、立木、特定同族会社の株式や出資、事業用減価償却資産をいう。

（※2）　立木の価額が課税相続財産の価額の30％を超える場合や森林計画伐採立木や緑地保全地区等内の土地に対応する相続税については、一定の要件のもとに特別の延納期間および利子税の割合が定められている。

（※3）　延納特例基準割合（財務大臣が告示する割合＋0.9％）が年7.3％未満の場合、特例により利子税率は次のとおり（図表中（　）内は特例基準割合が1.0％の場合）。

$$本則の利子税率 \times \frac{延納特例基準割合}{年7.3\%}$$

（※4）　利子税は日歩計算により計算される。

（1）担保の種類と見積価額

　担保提供すべき財産は、その財産の見積価額が担保を提供すべき金額、いわゆる延納税額に利子税を加えた金額（担保の必要金額）を超えた価額の財産であることが必要である。

　延納の担保として提供できる財産の種類は、次に掲げる財産に限られる。

　なお、この場合の担保は、相続により取得した財産および贈与を受けた財産だけに限らず、相続人等の固有の財産や共同相続人または**第三者が所有している財産**であってもさしつかえない。

　担保の見積価額は、国債および保証人の保証を除き、時価を基準としているが、有価証券および不動産については、担保の提供期間中に予測される価額の変動や価値の減耗等を考慮した金額をもって担保の見積価額とすることとされている。具体的には、それぞれにつき次のカッコ内のとおりである。

① 延納の担保として提供できる財産

　a．国債（原則として、券面金額）

　b．有価証券（地方債、社債および株式その他の有価証券については、時価の8割以内において担保提供期間中の予想される価額変動を考慮した金額）

　c．土地（**時価の8割以内**において適当と認める金額）

d．建物、立木および登記・登録される船舶、飛行機、回転翼航空機、自動車、建設機械で保険に付したものおよび各種財団（時価の7割以内において担保提供期間中の予想される価値の減耗等を考慮した金額）

e．保証人の保証（延納税額が不履行（滞納）となった場合に、保証人から徴収（財産の滞納処分による換価による弁済も含む）することができると見込まれる金額）

② 担保として不適格な財産

a．法令上担保権の設定または処分が禁止されているもの

b．違法建築、土地の違法利用のため建物除去命令等が出されているもの

c．共同相続人間で所有権を争っている場合など、係争中のもの

d．売却できる見込みのないもの

e．共有財産の持分（共有者全員が持分全部を提供する場合を除く）

f．担保に係る国税の付帯税を含む全額を担保していないもの

g．担保の存続期間が延納期間より短いもの

h．第三者または法定代理人の同意が必要な場合に、その同意が得られないもの

(2) 延納の許可限度

延納は、納期限までに金銭で納付することが困難である金額を限度として認められる。なお、この延納の許可限度額は、贈与税の延納についても適用される。

延納の許可限度額

①－（②－③－④）
　① 納付すべき相続税額
　② 納付すべき日の現金、預貯金その他換価の容易な財産（国債、地方債、不動産、船舶、社債、株式、証券投資信託または貸付信託の受益証券を除く）
　③ 延納許可申請者および生計を一にする配偶者その他の親族の生活のために通常必要とされる費用の3カ月分に相当する金額（延納許可申請者が負担すべきものに限る）
　④ 延納許可申請者の事業継続のために当面（1カ月分）必要な運転資金の額

(3) 延納申請とその許可

延納申請の期限は、次のそれぞれの場合によって異なる。

● 期限内申告……………………………申告期限
● 期限後申告または修正申告……申告書提出の日
● 更正または決定…………………更正または決定の通知書が発せられた日の翌日から起算して1カ月を経過する日

第3章

❸ 物 納

国税は金銭で納付することが原則であるが、申告または更正・決定により納付することとなった相続税額を延納によっても金銭で納付することを困難とする事由がある場合は、**物納**によることができる。相続税の納期限または納付すべき日までに、物納申請書を納税地の所轄税務署に提出することにより、その納付を困難とする金額を限度として、一定の相続財産で物納することができる。

金銭納付が困難であるかどうかは、納税者が相続によりどのような財産を取得したか、また、納税者自身の資産の所有状況や収入の状況等を総合的に勘案して、判断されることになる。この場合、近い将来において確実と認められる金銭収入（貸付金の返還、退職金の給付の確定等）や、近い将来における臨時的支出（事業用資産の購入等）をも考慮して、その事由を判断することとされている。

(1) 物納適格財産の種類および順位

物納に充てることのできる財産は、納付すべき相続税の課税価格の計算の基礎となった財産（**相続時精算課税制度の適用を受けた贈与財産を除く**）のうち、次に掲げる財産で、その所在が日本国内にあるものに限られる。〔図表3-6〕

その財産を物納すれば居住、または営業を継続して通常の生活を維持するのに支障を生

〔図表3-6〕物納順位

物納財産の種類
①国債、地方債、不動産、船舶、上場されている株式・社債・証券投資信託等の受益証券・投資証券等
②不動産のうち物納劣後財産に該当するもの
③上場されていない社債、株式、証券投資信託の受益証券または貸付信託の受益証券
④上場されていない株式のうち物納劣後財産に該当するもの
⑤動産

ずるような特別の事情がある場合や、先順位の財産を物納に充てると、その財産の収納価額がその納付すべき税額を超える（超過物納）など、適当な価額のものがない場合、この順位によらないことができる。

　なお、超過物納の場合は、その超過額が金銭により還付される。その還付額は、通常の譲渡の場合と同様に譲渡所得として課税対象となる。

　物納財産を国が収納するときの価額は、原則として課税価格の計算の基礎となった財産の価額によるが、小規模宅地等について相続税の課税価格の計算の特例の適用を受けた相続財産を物納する場合の収納価額は、**特例の適用を受けた後の価額**が収納価額となる。

（2）管理処分不適格財産（物納が認められない財産）

第3章

　物納財産は、国が管理または処分するのに適したものでなければならない。したがって、次のような財産は物納が認められないこととされている。

① 不動産

　a．担保権の設定の登記がされていることその他これに準ずる事情がある不動産

- 抵当権、担保権の目的となっている不動産
- 差押えされている不動産
- 買戻しの特約が付されている不動産　など

　b．境界が特定できない財産、借地契約の効力の及ぶ範囲が特定できない財産

- 境界標が明確でない土地
- 借地権等の土地使用収益権の及ぶ範囲が不明確な貸地

　c．争訟事件となる蓋然性が高い財産

- 越境している建物の敷地
- 貸主に著しく不利な契約内容となっている貸地　など

　d．単独で処分することが不適当な財産

- ほかの不動産と一体として利用処分される不動産
- 共有不動産（共有者全員が申請する場合を除く）　など

　e．債務等の負担が国に移転することとなる財産

- 敷金等の債務を国が負担することになる不動産（貸地、貸家等）　など

② 株式

　a．譲渡に関して金融商品取引法等の所要の手続がとられていないもの

　b．譲渡制限株式

　c．質権その他の担保権の目的となっている株式

d．権利の帰属について係争中の株式

e．共有株式（共有者全員が申請する場合を除く）

f．暴力団員等が関係する法人が発行した株式

③ その他の財産

その財産の性質が上記①②に準ずるものとして税務署長が認めるもの

(3) 物納劣後財産

物納劣後財産とは、物納後に国が処分しがたい財産をいい、ほかに物納適格財産がない場合に限って物納が認められるものをいう。

主な物納劣後財産は、以下のとおりである。

a．地上権、永小作権その他の用益権の設定されている土地

b．違法建築された建物およびその敷地

c．土地区画整理事業の施行地内にある土地で、仮換地が指定されていないもの

d．現に納税義務者の居住用または事業用の建物および敷地（その納税義務者がその建物および敷地について物納申請する場合を除く）

e．劇場、工場、浴場等の維持または管理に特殊技能を有する建物および敷地

f．接道義務を満たしていない土地

g．都市計画法に基づく開発許可が得られない道路条件の土地

h．市街化調整区域内の土地（宅地として造成することができるものを除く）

i．生産緑地の指定を受けている農地および農業振興地域内の農地

j．森林法の規定により保安林として指定された区域内の土地

k．法令の規定により建物を建築できない（建築面積が著しく狭くなるものを含む）土地

l．過去に生じた事件事故等で正常な取引が行われないおそれがある不動産（忌み地）

m．休眠会社の株式

(4) 物納手続

① 物納申請

a．相続税の納期限または納付すべき日までに、物納財産の種類に応じた物納手続関係書類を物納申請書と併せて提出する。

b．税務署長は、廃材の撤去等物納財産を収納するために最低限必要な措置を講ずることを申請者に請求することができる。期限は1年以内で定められる。期限内にその措

置がされなかった場合は、その物納申請は取り下げたものとみなされる。

c．物納財産が多数あること等により、物納手続関係書類の準備や収納必要措置に時間を要する場合、申請者の届出により、上記の期限を延長することができる。延長期間はそれぞれ一度の届出につき 3 カ月までとされ、期間満了時には再届出にて延長する。延長できる期間は、原則として当初の期限から 1 年までとなっている。

d．税務署長は、必要に応じて一定の条件付で物納を許可することができる。

② 物納申請の許可に係る審査期間

物納申請書が提出された場合、税務署長は、物納申請の許可または却下を物納申請期限から原則として 3 カ月以内に行う。

なお、税務署長が審査期間内に物納の許可または却下の処分をしないときは、許可されたものとみなされる。

③ 物納申請の却下に係る延納

物納の申請をした者が、延納による納付が可能であるため物納申請の全部または一部を却下された場合は、却下された部分について、却下の日の翌日から起算して20日以内に延納の申請を行うことができる。

④ 物納申請の却下に係る再申請

物納申請にかかる財産が管理処分不適格財産または物納劣後財産でほかに物納適格財産があるときは、税務署長はその物納申請を却下する。この場合、物納申請者はその却下の翌日から起算して20日以内に再申請ができる。ただし、再申請は 1 度だけに限られる。

(5) 納付方法の変更

相続税の納付方法は、①金銭一時納付、②延納、③物納の順に優先される。なお、相続税を延納中の者が資力の状況の変化等で延納による納付が困難となった場合、**特定物納申請**として、申告期限から10年以内に限り物納へ変更することが可能である〔図表 3 － 7〕。

物納に切り替えることができる税額は、延納税額からその**納期限の到来した分納税額を控除した残額**となる。ただし、**納期限が到来している未納分は切替えの対象にはならない**。

〔図表 3 － 7〕納付方法の変更

変更可	③物納→②延納、③物納→①金銭一時納付、②延納→①金銭一時納付、②延納→③物納
変更不可	①金銭一時納付→②延納、①金銭一時納付→③物納

（※ 1 ）物納の撤回を申請する場合は、物納の許可を受けた後 1 年以内に限る。
（※ 2 ）延納から物納への変更は、2006年 4 月 1 日以後開始した相続等で、申告期限から10年以内に限る。

特定物納申請をした場合は、物納財産を納付するまでの期間に応じ、当初の延納条件による利子税を納付することになる。

なお、特定物納申請を行う際の物納財産の収納価額は、その**物納申請時**の価額（相続税評価額）による。ただし、収納時までに物納財産の状況に著しい変化が生じたときは、収納時の現況により物納財産の収納価額を定めることができる。

物納の許可限度額を超える価額の財産による物納が許可された場合に、許可に係る相続税額よりも物納許可財産の収納価額が上回ることとなったときには、差額が金銭により還付され、譲渡所得として課税される。

(6) 物納に係る利子税

物納申請した場合は、納期限または納付すべき日の翌日から納付があったものとされる日までの期間について利子税の納付が必要になる。ただし、審査事務に要する期間は利子税が免除される。

❹ 相続税の連帯納付義務

相続税の納付については、原則として、相続または遺贈により財産を取得した者が、それぞれその納付義務を負うが、負担の公平や租税債権確保の見地から、共同相続人相互間などにおいて、互いに連帯納付の義務を負わせている。

(1) 相続人または受遺者が2人以上いる場合

同一の被相続人から相続または遺贈により財産を取得した者が2人以上いる場合は、その相続または遺贈により取得した財産に係る相続税について、その相続または遺贈により受けた利益の価額に相当する金額を限度に互いに連帯納付義務を負う。

(2) 死亡者の相続税

同一の被相続人から相続または遺贈により財産を取得した者が2人以上いる場合で、一部の相続人が相続税を未納のまま死亡した場合、残りの相続人は、その相続または遺贈により受けた利益の価額に相当する金額を限度として、死亡した相続人の相続税について互いに連帯納付義務を負う。

(3) 相続財産を贈与等により取得した者

相続税の課税価格の基礎となった財産について、贈与、遺贈または寄附行為による移転があった場合は、その贈与等によって財産を取得した者または寄附行為によって設立された法人は、その贈与等をした者の納付すべき相続税額のうち、その取得した財産に係る相続税額に相当する部分の金額について、その受けた利益の価額に相当する金額を限度として連帯納付義務を負う。

(4) 相続税の連帯納付義務の解除

相続税の連帯納付義務について、次の場合には連帯納付義務が解除される。
①申告期限等から5年を経過した場合（ただし、申告期限等から5年を経過した時点で連帯納付義務の履行を求めているものについては、その後も継続して履行を求めることができることとする）
②納税義務者が延納または納税猶予の適用を受けた場合

実務上のポイント

- 相続税を物納するにあたり、暦年課税制度による相続開始前3年以内の贈与財産は対象になるが、相続時精算課税制度による贈与財産は相続開始前3年以内の贈与であっても物納対象とならない。
- 物納財産を国が収納するときの価額は、原則として課税価格計算の基礎となった財産の価額（いわゆる相続税評価額）によるが、小規模宅地等の評価減の特例の適用を受けた相続財産を物納する場合は、特例適用後の価額が収納価額となる。
- 相続税の延納期間は、相続財産のうち不動産等の価額の占める割合が50％未満の場合は最高5年である。
- 相続税の物納の順位は、国債、地方債、不動産、船舶、上場されている株式・社債等が第1順位、上場されていない株式・社債等が第2順位、動産が第3順位である。

第 **4** 章

財産評価

財産評価の原則

　相続税法における財産評価は、相続税法22条に「相続、遺贈又は贈与により取得した財産の価額は、当該財産の取得の時における時価により、当該財産の価額から控除すべき債務の金額は、その時の現況による」と規定されているが、具体的な時価の算定方法に関しては相続税法にはほとんど規定がない。

　そこで、この「時価」について、**財産評価基本通達**で「時価とは、課税時期において、それぞれの財産の現況に応じ、不特定多数の当事者間で自由な取引が行われる場合に通常成立すると認められる価額をいい、その価額は、この通達の定めによって評価した価額による」と規定し、同通達において財産の種類別に時価の算定方法を詳細に定めている。ここでは、代表的なものについて解説する。

第2節

金融資産等の評価

❶ 金融資産

(1) 預貯金

　課税時期における預入高と、課税時期において解約するとした場合に既経過利子の額（課税時期に解約するとした場合の解約利率で計算された利子）として支払を受けることのできる金額から、その金額につき源泉徴収されるべき所得税等の額に相当する金額を控除した金額との合計額を評価額とする。

　ただし、定期預金、定期郵便貯金および定額郵便貯金以外の預貯金については課税時期現在の既経過利子の額が少額なものに限り、**同時期現在の預入高**によって評価する。

(2) 公社債

　異なる銘柄ごとに、券面額100円当たりの価額に公社債の券面額を100で除した数を乗じて計算した金額によって評価する。なお、各計算式における「既経過利子の額」とは、課税時期において利払日の到来していない利息のうち、課税時期現在の経過分に相当する金額のことをいう。

① 利付公社債

利付公社債の評価額

①　金融商品取引所に上場されている利付公社債

$$(最終価格^{(※)}+既経過利子の額-源泉徴収税額相当額)\times\frac{券面額}{100円}$$

（※）　上記算式の「最終価格」は、日本証券業協会において公社債店頭売買参考統計値（売買参考統計値）が公表される銘柄として選定されたものである場合、最終価格と売買参考統計値の平均値とのいずれか低いほうの金額となる。

第4章

② 売買参考統計値が公表される銘柄として選定された利付公社債（上場されているものを除く）

（売買参考統計値の平均値＋既経過利子の額−源泉徴収税額相当額）× $\dfrac{\text{券面額}}{100\text{円}}$

③ その他の利付公社債

（発行価額＋既経過利子の額−源泉徴収税額相当額）× $\dfrac{\text{券面額}}{100\text{円}}$

② 個人向け国債

　個人向け国債は、個人向け国債の価額は、課税時期に中途換金した場合に金融機関から支払われる価額（額面金額＋経過利子相当額−中途換金調整額）により評価する。

③ 割引発行の公社債

割引公社債の評価額

① 金融商品取引所に上場されている割引公社債

最終価格[※] × $\dfrac{\text{券面額}}{100\text{円}}$

（※）　日本証券業協会において公社債店頭売買参考統計値（売買参考統計値）が公表される銘柄として選定されたものである場合、最終価格と売買参考統計値の平均値とのいずれか低いほうの金額となる。

② 売買参考統計値が公表される銘柄として選定された割引公社債（上場されているものおよび割引金融債を除く）

売買参考統計値の平均値 × $\dfrac{\text{券面額}}{100\text{円}}$

③ その他の割引発行されている公社債

$\left\{ \text{発行価額} + (\text{券面額} − \text{発行価額}) \times \dfrac{\text{発行日から課税時期までの日数}}{\text{発行日から償還日までの日数}} \right\} \times \dfrac{\text{券面額}}{100\text{円}}$

　ただし、上記①②以外の場合は、原則として利付公社債の「その他の利付公社債」の評価の定めによって評価する。

(3) 生命保険契約に関する権利

　解約返戻金相当額で評価する。

(4) 定期金に関する権利

① 給付事由の発生している定期金に関する権利

定期金に関する権利の評価額

① 有期定期金
　次のa～cのいずれか多い金額
　　a．解約返戻金相当額
　　b．定期金に代えて一時金の給付を受けることができる場合には、当該一時金相当額
　　c．給付を受けるべき金額の1年当たりの平均額×残存期間に応じた予定利率による
　　　複利年金現価率
② 無期定期金
　次のa～cのいずれか多い金額
　　a．解約返戻金相当額
　　b．定期金に代えて一時金の給付を受けることができる場合には、当該一時金相当額
　　c．給付を受けるべき金額の1年当たりの平均額÷予定利率
③ 終身定期金
　次のa～cのいずれか多い金額
　　a．解約返戻金相当額
　　b．定期金に代えて一時金の給付を受けることができる場合には、当該一時金相当額
　　c．給付を受けるべき金額の1年当たりの平均額×平均余命に応じた予定利率による
　　　複利年金現価率
④ 期間付終身定期金
　次のaまたはbのいずれか少ない金額
　　a．有期定期金として評価した金額
　　b．終身定期金として評価した金額
⑤ 保証期間付終身定期金
　次のaまたはbのいずれか多い金額
　　a．有期定期金として評価した金額
　　b．終身定期金として評価した金額

② 給付事由の発生していない定期金に関する権利

定期金に関する権利の評価額

① 解約返戻金を支払う定めがないもの
　次に掲げる区分に応じ、それぞれに定める金額
　　a．掛金等が一時払いの場合

$$\left(\begin{array}{l} \text{経過期間につき、払込金額に対し} \\ \text{予定利率の複利計算をした元利合計額} \end{array}\right) \times 90\%$$

　　b．a以外の場合

$$\left(\begin{array}{l} \text{掛金等の1年当たりの} \\ \text{年間平均額} \end{array} \times \begin{array}{l} \text{経過期間に応じた予定利率} \\ \text{による複利年金終価率} \end{array}\right) \times 90\%$$

② 解約返戻金があるもの
　解約返戻金相当額

(5) 投資信託、受益証券

① 上場投資信託

金融商品取引所に上場されている株式投資信託（ETF 等）および不動産投資信託（REIT）は、上場株式に準じて評価する。

② 証券投資信託

上記以外の証券投資信託は、課税時期における基準価額（解約または買取請求により支払を受けることができる金額）によって評価する。なお、源泉徴収されるべき所得税等の額に相当する金額、および信託財産留保額、解約手数料を差し引いた額となる。また、日々決算型のもの（MMF 等）については、再投資されていない未収分配金の額を加える。

② 株式の評価

上場株式の価額は、銘柄別 1 株ごとに、下記方法により評価する。

次の①～④のうち、最も低い価額で評価する。ただし、負担付贈与等により取得した上場株式の評価額は、その株式が上場されている金融商品取引所の公表する課税時期の最終価格（終値）によって評価する（注）。

① 課税時期（相続開始の日）の終値
② 課税時期の属する月
③ 課税時期の属する月の前月 ⎫ の毎日の終値の平均額
④ 課税時期の属する月の前々月 ⎭

注 課税時期において終値がない場合、原則として課税時期の前後で最も近いものとする。なお、2 以上の金融商品取引所に上場されている場合は、納税者が選択した金融商品取引所の価額。

③ 外貨建商品の評価

外貨定期預金の価額の円貨換算については、原則として、取引金融機関が公表する課税時期における対顧客直物電信買相場（TTB）またはこれに準ずる相場による。

実務上のポイント

・個人向け国債は、課税時期において中途換金した場合に取扱機関から支払を受ける
ことができる価額により評価する。

・上場株式の評価は、①課税時期の終値、②課税時期の属する月の毎日の終値の平均
額、③課税時期の属する月の前月の毎日の終値の平均額、④課税時期の属する月の
前々月の毎日の終値の平均額のうち、最も低い価額で評価する。

第 **3** 節

不動産の評価

　土地等の評価方法には**路線価方式**、**倍率方式**、**宅地比準方式**があり、地目ごとにいずれかによって評価する（宅地、借地権は路線価方式または倍率方式、農地（耕作権を含む）、山林、原野、牧場、池沼、雑種地は倍率方式または宅地比準方式により評価する）。

　地目は登記簿上の地目ではなく、現況により判定する。

　また、一体として利用されている一団の土地が2以上の地目からなる場合には、そのうちの主たる地目からなるものとして評価する。

❶ 宅地の評価

(1) 評価方法

① 評価単位

　宅地の評価は利用の単位となっている**1画地の宅地**ごとに評価するので、登記簿上の「筆」と、評価単位は**必ずしも一致していない**。

② 評価の方式

　宅地の評価方法には、路線価方式と倍率方式がある。路線価方式と倍率方式のいずれを採用するかは、宅地の所在地により各国税局長が指定し、財産評価基準書に示されている。

(2) 路線価方式

　路線価方式は、評価対象の宅地の面する路線（不特定多数の者の通行の用に供されている道路）に付された**路線価**（1 ㎡当たりの価額）をもとに、その宅地の形状に応じて価額の調整を行った金額により評価する方法である〔図表4－1〕。

　地域については国税局長が、ビル街地区、高度商業地区、繁華街地区、普通商業・併用住宅地区、普通住宅地区、中小工場地区、大工場地区の7種に地域区分を定め、次に掲げ

る補正を行うこととされている。

① 奥行価格補正

一方のみが路線に接する宅地の価額は、路線価に奥行距離に応じた奥行価格補正率表に定める補正率を乗じて求めた価額に、その宅地の地積を乗じて計算した価額によって評価する。奥行が短いものや奥行が長すぎるものは評価が低くなる。

② 側方路線影響加算

正面と側方に路線がある宅地の価額は、「正面路線価×奥行価格補正率＋側方路線価×奥行価格補正率×側方路線影響加算率」の額に、その宅地の地積を乗じて計算した価額によって評価する。

正面路線価とは、路線価に奥行価格補正率を乗じた価額の比較において高いほうの路線価をいう。なお、奥行価格補正や側方路線影響加算などの調整率は、地域区分と角地、準角地によって異なる。準角地とは、一系統の路線の屈折部の内側に位置するものをいう。

③ 二方路線影響加算

正面と裏面に路線がある宅地の価額は、「正面路線価×奥行価格補正率＋裏面路線価×奥行価格補正率×二方路線影響加算率」の額に、その宅地の地積を乗じて計算した価額によって評価する。

④ 三方路線または四方路線影響加算

三方または四方に路線がある宅地の価額は、側方路線影響加算および二方路線影響加算を併用して計算したその宅地の価額に、その宅地の地積を乗じて計算した価額によって評価する。

⑤ 間口狭小補正

間口が狭小な宅地は、間口狭小補正率表に定める補正率を乗じて求めた価額に、その宅地の地積を乗じて計算した価額によって評価する。

⑥ 奥行長大補正

間口距離に比べて奥行距離が長い宅地は、奥行長大補正率表に定める補正率を乗じて求めた価額に、その宅地の地積を乗じて計算した価額によって評価する。

⑦ がけ地補正

がけ地の価額は、総地積に対するがけ地積の割合に応じたがけ地補正率表に定める補正率を乗じて求めた価額に、その宅地の地積を乗じて計算した価額によって評価する。

⑧ 不整形地補正

不整形地の価額は、その不整形の程度、位置および地積の大小に応じ、その近傍の宅地との均衡を考慮して、その価額に不整形地補正率を乗じて計算した価額によって評価する。

第4章

〔図表4-1〕土地および土地の上の存する権利の評価についての調整率表（抜枠）（2018年分以降）

①奥行価格補正率表

奥行距離(m) ＼ 地区区分	ビル街(地区)	高度商業(地区)	繁華街(地区)	普通商業・併用住宅(地区)	普通住宅(地区)	中小工場(地区)	大工場(地区)
4未満	0.80	0.90	0.90	0.90	0.90	0.85	0.85
4以上 6未満		0.92	0.92	0.92	0.92	0.90	0.90
6〃 8〃	0.84	0.94	0.95	0.95	0.95	0.93	0.93
8〃 10〃	0.88	0.96	0.97	0.97	0.97	0.95	0.95
10〃 12〃	0.90	0.98	0.99	0.99		0.96	0.96
12〃 14〃	0.91	0.99				0.97	0.97
14〃 16〃	0.92				1.00	0.98	0.98
16〃 20〃	0.93		1.00			0.99	0.99
20〃 24〃	0.94			1.00			
24〃 28〃	0.95				0.97		
28〃 32〃	0.96	1.00	0.98		0.95		
32〃 36〃	0.97		0.96	0.97	0.93		
36〃 40〃	0.98		0.94	0.95	0.92		
40〃 44〃	0.99		0.92	0.93	0.91	1.00	
44〃 48〃			0.90	0.91	0.90		
48〃 52〃		0.99	0.88	0.89	0.89		
52〃 56〃		0.98	0.87	0.88	0.88		
56〃 60〃		0.97	0.86	0.87	0.87		
60〃 64〃		0.96	0.85	0.86	0.86	0.99	1.00
64〃 68〃		0.95	0.84	0.85	0.85	0.98	
68〃 72〃	1.00	0.94	0.83	0.84	0.84	0.97	
72〃 76〃		0.93	0.82	0.83	0.83	0.96	
76〃 80〃		0.92	0.81	0.82			
80〃 84〃		0.90		0.81	0.82	0.93	
84〃 88〃		0.88					
88〃 92〃		0.86	0.80	0.80			
92〃 96〃	0.99	0.84			0.81	0.90	
96〃 100〃	0.97	0.82					
100〃	0.95	0.80			0.80		

②側方路線影響加算率表

地区区分	加算率	
	角地の場合	準角地の場合
ビル街	0.07	0.03
高度商業、繁華街	0.10	0.05
普通商業・併用住宅	0.08	0.04
普通住宅、中小工場	0.03	0.02
大工場	0.02	0.01

③二方路線影響加算率表

地区区分	加算率
ビル街	0.03
高度商業、繁華街	0.07
普通商業・併用住宅	0.05
普通住宅、中小工場 大工場	0.02

例　題

Q:

普通住宅地区における下図のような整形地について、相続税評価額はいくらになるか。

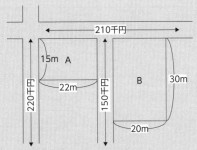

（※）奥行価格補正率（普通住宅地区）：10m 以上24m 未満…1.00
　　　　　　　　　　　　　　　　　　　　28m 以上32m 未満…0.95
　　　側方路線影響加算率（普通住宅地区）：角地…0.03
　　　　　　　　　　　　　　　　　　　　準角地…0.02
　　　二方路線影響加算率（普通住宅地区）：0.02

A:

A：① 22万円 × 1.00 ＝ 22万円
　（正面路線価）（奥行価格補正率）

② 21万円 × 1.00 × 0.03 ＝ 6,300円
　（側方路線価）（奥行価格補正率）（側方路線影響加算率）

③ 15万円 × 1.00 × 0.02 ＝ 3,000円
　（裏面路線価）（奥行価格補正率）（二方路線影響加算率）

④ （①＋②＋③）× （22m×15m）＝7,566万9,000円
　　　　　　　　　　　（地積）

B：① 21万円 × 0.95 ＝ 19万9,500円
　（正面路線価（※））

② 15万円 × 1.00 × 0.03 ＝ 4,500円
　（側方路線価）（奥行価格補正率）（側方路線影響加算率）

③ （①＋②）× （30m×20m）＝ 1億2,240万円
　　　　　　　　（地積）

（※）正面路線価の判定
　　21万円×0.95＝19万9,500円　＞　15万円×1.00＝15万円
　　（21万円が正面路線価となる）

（3）倍率方式

路線価が定められていない地域については、その宅地の固定資産税評価額に、国税局長の定めた倍率を乗じて算定する。

Q: ━━━━━━━━━━━━━ 例　題 ━━━━━━━━━━━━━

倍率方式の地域にある300㎡の宅地は、固定資産税評価額が450万円、固定資産税課税標準額が400万円、評価倍率は2.2倍である。相続税評価額はいくらになるか。

A:

450万円×2.2＝990万円

土地課税台帳に登録された固定資産税評価額は、固定資産税の課税標準になる金額とは異なるので、混同しないよう注意が必要である。また、倍率方式の場合、土地の形状による補正を行う必要はない。

② 地積規模の大きな宅地の評価

地積規模の大きな宅地で、普通商業・併用住宅地区および普通住宅地区として定められた地域に所在するものの価額は、正面路線価を基に、その形状・奥行距離に応じて「奥行価格補正」「側方路線影響加算」「二方路線影響加算」「三方または四方路線影響加算」「不整形地の評価」の定めにより計算した価額に、その宅地の地積の規模に応じた次の算式により求めた「規模格差補正率」を乗じて計算した価額によって評価する。

① 地積規模の大きな宅地

地積規模の大きな宅地とは、**三大都市圏においては500㎡以上**の地積の宅地、それ以外の地域においては1,000㎡以上の地積の宅地をいう。ただし、次のいずれかに該当するものは除かれる。

- a．市街化調整区域（宅地分譲に係る開発行為を行うことができる区域を除く）に所在する宅地
- b．都市計画法に規定する工業専用地域に所在する宅地
- c．容積率が400％（東京都特別区においては300％）以上の地域に所在する宅地

② 規模格差補正率

地積規模の大きな宅地の評価

$$規模格差補正率＝\frac{Ⓐ×Ⓑ＋Ⓒ}{地積規模の大きな宅地の地積Ⓐ}×0.8$$
（※）　小数点以下第2位未満を切捨て

算式のⒷおよびⒸは、地積規模の大きな宅地が所在する地域に応じ、それぞれ次表のとおり。

a．三大都市圏に所在する宅地

地区区分　　　記号 地積	普通商業・併用住宅地区、普通住宅地区	
	Ⓑ	Ⓒ
500㎡以上　1,000㎡未満	0.95	25
1,000㎡以上　3,000㎡未満	0.90	75
3,000㎡以上　5,000㎡未満	0.85	225
5,000㎡以上	0.80	475

b．三大都市圏以外の地域に所在する宅地

地区区分	普通商業・併用住宅地区、普通住宅地区	
記号 地積	Ⓑ	Ⓒ
1,000㎡以上　3,000㎡未満	0.90	100
3,000㎡以上　5,000㎡未満	0.85	250
5,000㎡以上	0.80	500

「三大都市圏」とは、次の地域をいう。

- 首都圏整備法に規定する既成市街地または近郊整備地帯
- 近畿圏整備法に規定する既成都市区域または近郊整備区域
- 中部圏開発整備法に規定する都市整備区域

《例》三大都市圏に所在する面積1,520㎡の宅地（地積規模の大きな宅地の適用要件は満たしている）

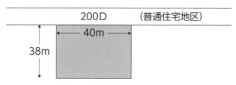

- 規模格差補正率

$$\frac{1,520㎡ \times 0.90 + 75}{1,520㎡} \times 0.8 = 0.75（小数点以下第2位未満切捨て）$$

- 評価額

200,000円×0.92（奥行価格補正率）×0.75×1,520㎡＝209,760,000円

❸ 貸宅地等および宅地の上に存する権利等の評価

（1）貸宅地と借地権

　借地権の目的となっている宅地および借地権の価額は次の算式により評価する。ここでいう借地権とは、（4）（5）に述べる定期借地権等以外の借地権で、建物所有を目的とした地上権と賃借権が含まれる。

貸宅地の評価額

自用地価額×（1−借地権割合）
　（※）　貸宅地割合が定められた地域は、「自用地価額×貸宅地割合」

　借地権割合は、地域ごとに国税局長が定め、路線価図にアルファベットにより示されている（A＝90％、　B＝80％、　C＝70％、　D＝60％、　E＝50％、　F＝40％、　G＝30％）。

借地権の評価額

自用地価額×借地権割合

　相当の地代方式（土地の賃借に際し、権利金を支払う代わりに、土地の時価の6％相当の年間地代を支払う方法）をとっている土地や、借地人が将来その土地を無償で返還する旨を記載した「土地の無償返還に関する届出書」を所轄税務署長に提出している場合の借地権の評価については、特別な計算方法が定められている。

(2) 貸家建付地

　貸家（アパートや賃貸ビルなど）の目的に供されている宅地の価額は、次の算式により評価する。

貸家建付地の評価額

自用地価額×（1−借地権割合×借家権割合×賃貸割合※）
　（※）　課税時期に現実に貸し付けられている部分の割合をいい、通常、次の算式により
　　　　求める。なお、一時的な空室部分は賃貸されているものとして分子に含めることが
　　　　できる。
　　　賃貸割合＝$\dfrac{（A）のうち課税時期に賃貸されている各独立部分の床面積の合計}{その家屋の各独立部分の床面積の合計（A）}$

(3) 貸家建付借地権

　借地権上にアパートが建っている場合のように、貸家の目的に供されている借地権の価額は、次の算式により評価する。

貸家建付借地権の評価額

自用地価額×借地権割合×（1−借家権割合×賃貸割合）

（4）定期借地権

　定期借地権は、普通借地権にはある法定更新などの制度がなく、契約期間の到来によって確定的に権利関係が終了するため、普通借地権とは異なった評価方法で評価する。基本的には、課税時期において定期借地人に帰属する経済的利益とその存続期間をもとにして評価する。

定期借地権の評価額

自用地評価額（A）×定期借地権割合（B／C）×定期借地権の逓減率（D／E）
　A：課税時期における自用地評価額
　B：定期借地権設定時における借地権者に帰属する以下の経済的利益の総額
　　・権利金の授受がある場合は、権利金の額
　　・保証金がある場合は、保証金の授受に伴う経済的利益の額（※1）
　　・地代が低額で設定されている場合（※2）は、毎年享受すべき差額地代の現在価値（※3）
　C：借地権設定時の土地の取引価格
　D：課税時期の残存期間年数に応じる基準年利率（※4）の複利年金現価率
　E：設定期間年数に応じる基準年利率（※4）の複利年金現価率

（※1）（保証金の額－保証金の額×設定期間に応じる基準年利率の複利原価率）
（※2）　普通借地権とは異なるため年6％の相当地代通達は準用せず、取引実態に即した適正な地代率で判定する。
（※3）（差額地代の額×設定期間に応じる基準年利率の複利年金現価率）
（※4）　課税時期の属する月の年数または期間に応じる基準年利率を用いる。

〈参考〉　2023年基準年利率（国税庁公表）　　　　　　　　　　　　（単位：%）

区分	年数または期間	1月	2月	3月	4月	5月	6月	7月	8月	9月	10月	11月	12月
短期	1年〜2年	0.01	0.01	0.01	0.01	0.01	0.01	0.01	0.01	0.01	0.01	0.05	0.01
中期	3年〜6年	0.25	0.10	0.10	0.10	0.05	0.05	0.05	0.10	0.10	0.25	0.50	0.25
長期	7年以上	1.00	1.00	0.75	0.75	0.50	0.75	0.50	0.75	0.75	1.00	1.00	1.00

（5）定期借地権の目的となっている宅地（貸宅地）

　定期借地権の目的となっている宅地（貸宅地）の評価額は、次の算式により評価する。

```
定期借地権の目的となっている宅地（貸宅地）の評価額
```

次の①または②のいずれか低い金額
①自用地評価額－定期借地権の評価額
②自用地評価額×（1－定期借地権の残存期間年数に応じる割合[※]）
　（※）　残存期間年数が5年以下……5％、5年超10年以下……10％
　　　　　　10年超15年以下……15％、15年超……20％

　ただし、路線価図の借地権割合が次のC～Gの地域区分の一般定期借地権の目的となっている宅地（貸宅地）については、借地権者が親族であるなど課税上弊害がある場合を除き、次の算式により評価できる。

```
一般定期借地権の目的となっている宅地（貸宅地）の評価額
```

貸宅地（底地）の評価額＝自用地評価額－一般定期借地権の評価額[※1]
　（※1）　一般定期借地権の評価額は次の算式で求める。
　　　　　　一般定期借地権の評価額＝自用地評価額×（1－底地割合[※2]）

$$\times \frac{課税時期の残存期間年数に応じる基準年利率の複利年金現価率}{設定期間年数に応じる基準年利率の複利年金現価率}$$

　（※2）　底地割合

借地権割合		通常の底地割合	一般定期借地権の底地割合
路線価図	割　合		
地域区分 C	70%	30%	55%
D	60%	40%	60%
E	50%	50%	65%
F	40%	60%	70%
G	30%	70%	75%

(6) 使用貸借に係る宅地

　無償（固定資産税程度の地代を授受している場合を含む）で貸し付けられている宅地には、たとえ家屋の所有を目的とする場合であっても、借地権は生じない。この場合の宅地の評価は自用地の価額となる。

```
使用貸借に係る宅地の評価額
```

自用地価額

　なお、使用貸借に係る宅地が貸家の敷地であっても原則として貸家建付地としての評価は行わない。ただし、賃貸用の土地・建物の建物のみを贈与等し、贈与等後に地代の支払

をせず使用貸借になった場合であっても、建物贈与等前の賃借人と賃貸借契約が継続している間は、この土地は貸家建付地として評価する。

　たとえば、父が建物・土地ともに所有していた貸家（賃借人Ａ）の建物のみを子に贈与し、その後地代等の収受を行わない場合、贈与後における子の所有する貸家建物の敷地は父から使用貸借により借り受けていることになる。この場合、賃借人Ａと建物賃貸が継続しているうちは、父が所有する貸家の敷地である土地は貸家建付地として評価し、賃借人Ａとの契約終了後は、建物所有者である子がほかの賃借人と建物の賃貸を継続していても、父が所有する土地は自用地として評価する。

（7）無償返還の届出がある場合の宅地等

　建物の所有を目的として宅地を貸し付ける場合であっても、借地人（法人に限る）が将来その宅地を無償で返還する旨を記載した「土地の無償返還に関する届出書」を税務署長に提出している場合は借地権割合に関係なく、次の算式により評価する。

貸宅地の評価額

> 自用地価額×0.8

（8）その他の宅地の上に存する権利等

　借地権上にさらに借地権を設定した（借地権を転貸した）場合は次の算式より評価する。

転貸借地権と転借借地権の評価額

> ● 転貸借地権の評価額
> 　自用地価額×借地権割合×（1－借地権割合）
> ● 転借借地権の評価額
> 　自用地価額×借地権割合×借地権割合

❹ 配偶者居住権・配偶者短期居住権

（1）配偶者居住権

① 概要

　相続開始時に居住していた被相続人所有の建物について、終身または一定期間、無償で

の使用、収益を配偶者に認める権利を「配偶者居住権」という。

② 発生の要件

- 配偶者が、相続開始時に被相続人所有の建物に居住していること
- 遺産分割によって配偶者居住権を取得するものとされることまたは配偶者居住権が遺贈の目的とされること（さらに、一定の要件の下、家庭裁判所が審判により配偶者居住権を取得する旨を定める場合がある）

③ 効果

配偶者は、下記⑤の消滅に至るまでの間、建物を使用、収益することができる。ただし、建物の所有者の承諾を得なければ、**第三者に賃貸する**ことはできない。

④ 対抗要件

配偶者居住権を第三者に対抗するためには**登記が必要**である。

⑤ 消滅

遺産分割等により配偶者居住権の期間が定められたときはその終期に、期間の定めがない場合は配偶者の死亡により配偶者居住権は消滅する。

⑥ 配偶者居住権の財産的評価

相続税における配偶者居住権の評価額は次のとおりである〔図表4−2〕。

〔図表4−2〕配偶者居住権の財産的評価

種類	評価方法
配偶者居住権	$\text{建物の相続税評価額} - \text{建物の相続税評価額} \times \dfrac{\text{建物の残存耐用年数}^{(※1)} - \text{配偶者居住権の存続年数}^{(※2)}}{\text{残存耐用年数}} \times \text{存続年数に応じた民法の法定利率による複利現価率}$
配偶者居住権が設定された建物（居住用建物）の所有権	建物の相続税評価額−配偶者居住権の価額
配偶者居住権に基づく居住建物の敷地の利用に関する権利	土地等の相続税評価額−土地等の相続税評価額×存続年数に応じた民法の法定利率による複利現価率
居住建物の敷地の所有権等	土地等の相続税評価額−敷地の利用に関する権利の価額

（※1）残存耐用年数
居住建物の所得税法に基づいて定められている耐用年数（住宅用）に1.5倍した年数から居住用建物の築後経過年数を控除した年数

（※2）存続年数
・配偶者居住権の存続期間が配偶者の終身である場合…配偶者の平均余命年数
・それ以外の場合…遺産分割協議書等により定められた配偶者居住権の存続期間の年数（配偶者の平均余命年数を上限）

第4章

(2) 配偶者短期居住権

① 概要

相続開始時に無償で居住していた被相続人所有の建物について、一定期間無償での使用を配偶者に認める権利を「配偶者短期居住権」という。

② 発生の要件および効果

配偶者が、相続開始時に被相続人所有の建物に無償で居住している場合に、建物を無償で使用する権利が発生する。

③ 対抗要件

配偶者居住権と異なり、第三者対抗力はない（使用貸借類似）。

④ 消滅

配偶者短期居住権は、ⅰ）居住建物について配偶者を含む共同相続人間で遺産分割をすべき場合には、遺産の分割により居住建物の帰属が確定する日または相続開始から6カ月を経過する日のいずれか遅い日、ⅱ）上記ⅰ）以外の場合には、居住建物の取得者による配偶者短期居住権の消滅の申入の日から6カ月を経過する日に消滅する（したがって、少なくとも6カ月は居住できる）ほか、配偶者が存続期間満了前に配偶者居住権を取得した場合にも配偶者短期居住権は消滅する。

⑤ 配偶者短期居住権の財産的評価

配偶者居住権と異なり、相続税の対象にはならない。

(3) 配偶者居住権等に係る譲渡所得の取扱い

① 配偶者居住権等の消滅等により対価を得た場合の課税の取扱い

合意解除や放棄により、配偶者居住権等（配偶者居住権または配偶者敷地利用権）が消滅等をし、配偶者がその消滅等の対価を取得した場合、譲渡所得の計算上控除する取得費の計算方法は以下のとおりである。

> 取得費＝居住用建物等の取得費×配偶者居住権等の割合－設定から消滅等までの期間にかかる減価の額

② 配偶者居住権等が消滅する前に居住建物等を譲渡した場合の取得費の計算

相続人が相続により取得した居住用の建物等を、配偶者居住権が消滅する前に譲渡した場合の、譲渡所得の計算上控除する取得費の計算方法は以下のとおりである。

> 取得費＝居住用建物等の取得費－配偶者居住権等の取得費

❺ 家屋の評価

(1) 家屋

　家屋は原則として一棟ごとに評価する。評価の方法は次のとおりである。

家屋の評価額

固定資産税評価額×1.0

　なお、建物の構造上一体となっている電気設備や給排水設備等は家屋の評価額に含めて評価する。

(2) 貸家

貸家の評価額

固定資産税評価額×（1－借家権割合（※1）×賃貸割合（※2））
　（※1）　借家権割合は各国税局長が定めていて、30％となっている。
　（※2）　課税時期に現実に貸し付けられている部分の割合をいい、通常、次の算式により求める。なお、一時的な空室部分は賃貸されているものとして分子に含めることができる。

$$賃貸割合＝\frac{（A）のうち課税時期に賃貸されている各独立部分の床面積の合計}{その家屋の各独立部分の床面積の合計（A）}$$

(3) 借家権

借家権の評価額

固定資産税評価額×借家権割合×賃借割合

　借家権の価額は、その権利が権利金等の名称をもって取引される慣行のある地域を除き、相続税や贈与税の課税価格には算入しないこととなっている。

(4) 構築物

構築物の評価額

再建築価額（課税時期において、その財産を新たに建築または設備するために要する費用の合計額） − 建築の時から課税時期までの期間の償却費の額の合計額または減価の額（定率法） ×70%

(5) 建築中の建物

建築中の建物の評価額

課税時期までに投下された費用現価の額×70%

6 マンションの評価

(1) 概要

令和6年1月1日以後の相続・遺贈または贈与により取得した居住用の区分所有財産（マンション）の価額は、従来の家屋の評価額および宅地の評価額に区分所有補正率を乗じて評価する（個別通達）。

(2) 個別通達の適用対象外

次に掲げる物件は区分所有補正率を用いた居住用の区分所有財産（マンション）の評価（個別通達）を適用しない。したがって、従来の財産評価基本通達に基づく区分所有権（家屋）の評価額および敷地利用権（宅地）の評価額となる。

① 事業用のテナント物件など、構造上主として居住の用途に供することができるもの以外のもの

② 一棟所有の賃貸マンションなど、区分建物の登記がされていないもの

③ 低層の集合住宅など、地階を除く総階数が2以下のもの

④ 二世帯住宅など、一棟の区分所有建物に存する居住の用に供する専有部分一室の数が3以下であって、その全てを区分所有者またはその親族の居住の用に供するもの

⑤　たな卸商品等に該当するもの

(3) 評価方法

個別通達の適用対象となる居住用の区分所有財産（マンション）の価額は、次のとおり計算する。

①　評価の概要

a　区分所有権（家屋）
　固定資産税評価額×1.0×区分所有補正率
b　敷地利用権（宅地）
　敷地全体の価額（路線価方式または倍率方式で評価）×敷地権割合×区分所有補正率
※貸家および貸家建付地の場合は上記aおよびbの価額を基に計算する。

②　区分所有補正率

区分	区分所有補正率
評価水準　＜　0.6	評価乖離率×0.6
0.6　≦　評価水準　≦　1	補正なし
1　＜　評価水準	評価乖離率

※評価乖離率が0または負数の場合は、区分所有権（家屋）および敷地利用権（宅地）の価額は評価しないこととする（評価額は0）。

a．評価乖離率

評価乖離率＝A＋B＋C＋D＋3.220

A　築年数×▲0.033：建築時から課税時期までの期間（1年未満の端数は1年）

B　総階数指数×0.239（小数点以下第4位切捨て）：総階数（地階は含まない）÷33の値（小数点以下第4位切捨て、1を超える場合は1）

C　専有部分の所在階×0.018：専有部分が複数階にまたがる場合は階数が低い方の階とし、専有部分が地階の場合は零階（0）

D　敷地持分狭小度×▲1.195（小数点以下第4位切上げ）：

敷地持分狭小度（小数点以下第4位切上げ）＝敷地利用権の面積※÷専有部分の面積（床面積）
※敷地全体の面積×敷地権割合で求めた面積（小数点以下第3位切上げ）

b．評価水準

評価水準＝1÷評価乖離率

(4) 具体例

築年数	総階数	所在階	敷地全体の面積	敷地権割合	専有部分の面積	従来の家屋の価額	従来の宅地の価額
9年	43階	23階	800㎡	10万分の1,512	67.17㎡	2,100万円	4,400万円

① **評価乖離率**

▲0.297＋0.239＋0.414＋▲0.217＋3.220＝3.359

　A：9年×▲0.033＝▲0.297

　B：①43階÷33＝1.303　＞　1　∴1

　　　②①×0.239＝0.239

　C：23階×0.018＝0.414

　D：①800㎡×1,512/100,000＝12.096㎡→12.10㎡

　　　②①÷67.17㎡＝0.1801→0.181

　　　③②×▲1.195＝▲0.2162→▲0.217

② **評価水準**

　1÷3.359＝0.29770765108

③ **区分所有補正率**

　0.29770765108　＜　0.6

　∴　3.359×0.6＝2.0154

④ **評価額**

　① 区分所有権（家屋）

　　2,100万円×　×2.0154＝4,232.34万円

　② 敷地利用権（宅地）

　　4,400万円×　×2.0154＝8,867.76万円

7 小規模宅地等についての相続税の課税価格の計算の特例（小規模宅地等の評価減）

相続または遺贈（死因贈与を含む）により取得した財産のうちに、被相続人等（被相続人または被相続人と生計を一にしていた親族）の事業（不動産の貸付を含む）の用または居住の用に供されていた宅地等で、建物や構築物の敷地の用に供されていたものがあると

きは、相続人等が取得したこれらの宅地のうち以下の小規模宅地等に該当する部分についてはそれぞれに掲げる割合を乗じて計算した金額を減額した金額を、相続税の課税価格に算入する。

（1）小規模宅地等の範囲

① 特定事業用宅地等……その宅地のうち400㎡までの部分

被相続人等の事業（不動産貸付業等を除く）の用に供されていた宅地等で、次の要件のいずれかを満たすその被相続人の親族が相続または遺贈により取得したものをいう。

a．その親族が、相続開始時から**相続税の申告期限**までの間にその宅地等の上で営まれていた被相続人の**事業を引き継ぎ**、**申告期限まで引き続きその宅地等を有し**、かつ、その**事業を営んでいること**

b．その親族が被相続人と生計を一にしていた者であって、相続開始時から申告期限まで引き続きその宅地等を有し、かつ、相続開始前から申告期限まで引き続きその宅地等を自己の事業の用に供していること

なお、**相続開始前3年以内**に事業の用に供された宅地等は、特定事業用宅地等の範囲から除外される。

ただし、その宅地等の上で事業の用に供されている減価償却資産（建物等を含む）の価額が、その宅地等の相続時の価額の15％以上である場合は除外されず、特例の適用対象となる。

また、個人事業者の事業用資産に係る相続税の納税猶予の適用を受ける場合には、特定事業用宅地等について小規模宅地等についての相続税の課税価格の計算の特例の適用を受けることができない。

② 特定居住用宅地等……その宅地のうち330㎡までの部分

被相続人等の居住の用に供されていた宅地等（居住用宅地等が2以上ある場合には、主として居住の用に供されていた1つに限る）で、その被相続人の配偶者または次に掲げる要件のいずれかを満たすその被相続人の親族が相続または遺贈により取得したものをいう。なお、被相続人の**配偶者に次に掲げる要件は必要ない**ため、被相続人の配偶者が取得した居住用宅地等については、居住を継続しない場合や売却した場合でも無条件で特定居住用宅地等に該当する。

a．その**親族**が相続開始の**直前**においてその宅地等の上にある被相続人の居住用家屋に**同居**していた者であって、相続開始時から**申告期限**まで引き続きその家屋に**居住**し、かつ、その**宅地等を有している**こと

　b．被相続人の居住用宅地等を取得した親族が、次の要件をすべて満たすこと。

- 居住制限納税義務者または非居住制限納税義務者のうち、日本国籍を有しない者でないこと。被相続人に配偶者や同居の相続人がいないこと
- 相続開始前3年以内に、国内にあるその者、その者の配偶者、その者の3親等内の親族またはその者と特別の関係のある法人が所有する国内にある家屋（相続開始の直前において被相続人の居住の用に供されていた家屋を除く）に居住したことがないこと
- 相続開始時にその者が居住している家屋を過去に所有したことがないこと
- その宅地等を相続開始時から相続税の申告期限まで有していること

　c．その親族が被相続人と生計を一にしていた者であって、相続開始時から申告期限まで引き続きその宅地等を有し、かつ、相続開始前から申告期限まで引き続きその宅地等を自己の居住の用に供していること

なお、下記については、被相続人の居住用宅地等として取り扱われる。

- **二世帯住宅に居住していた場合**

　被相続人と親族が居住するいわゆる二世帯住宅の敷地の用に供されている宅地等について、二世帯住宅が構造上区分された住居（いわゆる完全分離型）であっても、区分所有建物登記がされている建物を除き、一定の要件を満たすものである場合には、親族が居住する部分を含めその敷地全体について特例の適用が受けられる。

- **老人ホームなどに入居または入所していた場合**

　次のような理由により、相続開始の直前において被相続人の居住の用に供されていなかった宅地等についても被相続人の居住用とみなされる。ただし、被相続人の居住の用に供さなくなった後に事業の用または被相続人等以外の者の居住の用とした場合は適用対象から除かれる。

　要介護認定または要支援認定を受けていた被相続人が、認知症対応型老人共同生活援助事業が行われる住居、養護老人ホーム、特別養護老人ホーム、軽費老人ホームまたは有料老人ホーム、介護老人保健施設、サービス付き高齢者向け住宅、介護医療院に入居、入所していたこと

　障害支援区分の認定を受けていた被相続人が障害者支援施設などに入所、入居していたこと

③　**特定同族会社事業用宅地等……その宅地のうち400㎡までの部分**

　相続開始直前に被相続人等その他特別の関係がある者が有する株式の総数または出資の総額がその株式または出資に係る法人の発行済株式の総数または出資の総額の50％を超え

る法人の事業（不動産貸付業等を除く）の用に供されていた宅地等で、その宅地等を相続または遺贈により取得したその被相続人の親族（申告期限において役員であるものに限る）が相続開始時から申告期限まで引き続き有し、かつ、申告期限まで引き続きその法人の事業の用に供されているものをいう。

④　**貸付事業用宅地等……その宅地のうち200㎡までの部分**

　被相続人等の一定の不動産貸付業等（賃貸マンション・賃貸アパート・貸家等。以下、「貸付事業」）の用に供されていた宅地等で、次に掲げる要件のいずれかを満たすその被相続人の親族が相続または遺贈により取得したもの（特定同族会社事業用宅地等を除く）をいう。

　　a．その親族が、相続開始時から**申告期限までの間**にその宅地等に係る被相続人の**貸付事業を引き継ぎ、申告期限まで引き続きその宅地等を有し、**かつ、その**貸付事業の用に供していること**

　　b．その被相続人の親族がその被相続人と生計を一にしていた者であって、相続開始時から申告期限まで引き続きその宅地等を有し、かつ、相続開始前から申告期限まで引き続きその宅地等を自己の貸付事業の用に供していること

　貸付事業用宅地等の範囲から、**相続開始前3年以内**に新たに貸付事業の用に供された宅地等を除外する。ただし、相続開始前3年を超えて事業的規模で貸付事業を行っている者がその貸付事業の用に供している宅地等は、除外対象とならず適用が受けられる。

⑤　**その他の宅地等……適用なし**

　上記のいずれにも該当しない次のような宅地等については、相続開始時において事業用や居住用であっても本特例は適用できない。

　　a．特定事業用宅地等に該当しない事業用宅地等。たとえば、事業用宅地等を取得した親族等が、相続税の申告期限まで事業を継続しなかった、または売却した場合など

　　b．特定居住用宅地等に該当しない居住用宅地等。たとえば、居住用宅地等を取得した親族等が、相続税の申告期限まで居住を継続しなかった、または売却した場合や、配偶者や同居親族がいるにもかかわらず別居親族が居住用宅地等を取得した場合など

　　c．貸付事業用宅地等に該当しない不動産貸付用宅地等。たとえば、不動産貸付用の宅地等を取得した親族が、相続税の申告期限までその貸付事業を継続しなかった、または売却した場合など

　　d．未利用の宅地等。たとえば、更地、未利用建物の敷地、空室となっている賃貸用建物の敷地など

第4章

(2) 減額する金額

① 特定事業用宅地等および特定同族会社事業用宅地等（以下、「特定事業用等宅地等」という）である場合

小規模宅地等の評価減の減額金額

$$その宅地等の相続税評価額 \times \frac{分母のうち400㎡までの部分}{その宅地等の総地積} \times 80\%$$

② 特定居住用宅地等である場合

小規模宅地等の評価減の減額金額

$$その宅地等の相続税評価額 \times \frac{分母のうち330㎡までの部分}{その宅地等の総地積} \times 80\%$$

③ 貸付事業用宅地等である場合

小規模宅地等の評価減の減額金額

$$その宅地等の相続税評価額 \times \frac{分母のうち200㎡までの部分}{その宅地等の総地積} \times 50\%$$

④ 複数の対象宅地等がある場合

　a．貸付事業用宅地等をまったく選択しない場合

　特例の適用を選択する宅地等が特定事業用等宅地等（①）と特定居住用宅地等（②）の場合、特定事業用等宅地等は400㎡まで、特定居住用宅地等は330㎡まで、合計730㎡まで特例を選択することができる（**完全併用可能**）。

　b．一部でも貸付事業用宅地等を選択する場合

　特例の適用を選択する宅地等が貸付事業用宅地等（③）とそれ以外の宅地等（①②）の場合、以下の算式により適用面積を調整しなければならない（**完全併用不可**）。

小規模宅地等の評価減の適用対象面積

$$①の面積 \times \frac{200}{400} + ②の面積 \times \frac{200}{330} + ③の面積 ≦ 200㎡$$

(3) 課税価格に算入すべき金額

課税価格に算入すべき金額

小規模宅地等の相続税評価額 −（2）の減額金額

(4) 一棟の建物を複数の用途に供している場合

　一棟の建物を複数の用途に供している場合の敷地については、その**利用区分ごとに**本特例の適否を判定する。

　たとえば、4階建の建物の1階は事業用、2階は賃貸用、3階は空室、4階は居住用であるような場合、1階部分について特定事業用宅地等の適否を、2階部分について貸付事業用宅地等の適否を、4階部分について特定居住用宅地等の適否を、それぞれ判定する。また、3階部分については適用がない。

(5) 相続人が共同で居住用あるいは事業用の宅地等を相続した場合

　相続人が**共同で**居住用あるいは事業用の宅地等を**相続**したときは、その**取得者ごとに**本特例の適否を判定する。

　たとえば、居住用の宅地を配偶者と別居の長男が2分の1ずつ共有で相続した場合、配偶者の相続した部分は特定居住用宅地等に該当し本特例の適用を受けられるが、長男が相続した部分は特定居住用宅地等には該当せず本特例の適用は受けられない。

第4章

〔図表4-3〕小規模宅地等の範囲と適用対象面積および減額割合（2019年4月以後の相続）

区分	相続開始直前の状況	要件	対象面積および減額割合
事業用	被相続人の事業用（不動産貸付を除く）	【特定事業用宅地等】親族が取得および事業を承継し、申告期限まで保有し、かつ、その事業を営んでいる場合	400㎡まで80%
		その他（例：申告期限前に事業廃止・売却など）	適用なし
	生計一親族の事業用（不動産貸付を除く）	【特定事業用宅地等】その生計一親族が取得し、申告期限まで保有し、かつ、その事業を営んでいる場合	400㎡まで80%
		その他（例：申告期限前に事業廃止・売却など）	適用なし
居住用	被相続人の居住用	【特定居住用宅地等】・配偶者が取得した場合（居住廃止・売却も可）・同居親族が取得し、申告期限まで引き続き居住し、かつ、保有している場合・配偶者および同居相続人がいない場合において一定の別居親族が取得し、かつ、申告期限まで引き続きその宅地等を保有している場合	330㎡まで80%
		その他（例：同居親族が申告期限前に居住廃止・売却など）	適用なし
	生計一親族の居住用	【特定居住用宅地等】・配偶者が取得した場合（居住廃止・売却も可）・生計一親族が取得し、申告期限まで引き続き居住し、かつ、保有している場合	330㎡まで80%
		その他（例：生計一親族が申告期限前に居住廃止・売却など）	適用なし
同族会社の事業（不動産貸付を除く）用		【特定同族会社事業用宅地等】被相続人等の持株割合が50%超の同族会社の事業用宅地等を、申告期限までに親族（申告期限において役員であるものに限る）が取得し、申告期限まで保有し、かつ、その同族会社が事業を営んでいる場合	400㎡まで80%
		【貸付事業用宅地等】上記には該当しないが同族会社への賃貸は継続（例：取得した親族が役員に就任しないなど）	200㎡まで50%
		その他（例：申告期限前に売却など）	適用なし
不動産貸付用	被相続人の貸付用	【貸付事業用宅地等】親族が取得および事業を承継し、申告期限まで保有し、かつ、その貸付事業を営んでいる場合	200㎡まで50%
		その他（例：申告期限前に貸付事業廃止・売却など）	適用なし
	生計一親族の貸付用	【貸付事業用宅地等】その生計一親族が取得し、申告期限まで保有し、かつ、その事業を営んでいる場合	200㎡まで50%
		その他（例：申告期限前に貸付事業廃止・売却など）	適用なし

（※1）一棟の建物が居住用、事業用、貸付用、その他複数の用途に供されている場合、その建物の敷地については利用区分ごとに上記適否を判定する。

（※2）相続人が共同で居住用、事業用、貸付用の宅地等を相続した場合、その建物の敷地については取得者ごとに上記適否を判定する。

（※3）特定居住用宅地等は、主として居住の用に供されていた一の宅地等に限られる。

（※4）一定の別居親族とは、相続開始前3年以内に本人またはその者の配偶者・3親等内の親族・特別の関係のある法人が所有する国内家屋に居住したことがない者、相続開始時において居住の用に供していた家屋を過去に所有していたことがない者をいう。

（※5）相続開始前3年以内に貸付事業の用に供された宅地等は、相続開始前3年を超えて事業的規模で貸付事業を行っている者が保有する宅地等を除き、貸付事業用宅地等の適用対象外である。

（※6）相続開始前3年以内に事業の用に供された宅地等は、その宅地等の上で事業の用に供されている減価償却資産（建

物等を含む）の価額がその宅地等の相続時の価額の15％以上である場合を除き、特定事業用宅地等の適用対象外である。

（※7）個人事業者の事業用資産に係る相続税の納税猶予の適用を受ける場合には、特定事業用宅地等について小規模宅地等についての相続税の課税価格の計算の特例の適用を受けることができない。

例　題

Q：

　次の各場合において、小規模宅地等についての相続税の課税価格の計算の特例を適用した場合、減額される金額はいくらか。なお、減額される金額が最も多くなるように選択すること。

（1）　　自宅敷地（特定居住用宅地等）231㎡：評価額4,620万円
　　　　店舗敷地（特定事業用宅地等）500㎡：評価額7,500万円
（2）　　自宅敷地（特定居住用宅地等）231㎡：評価額4,620万円
　　　　貸家敷地（貸付事業用宅地等）500㎡：評価額7,500万円

A：

（1）貸付事業用宅地等を選択しないため完全併用可能
自宅敷地：231㎡≦330㎡　　∴231㎡まで適用可能

$$4,620万円 \times \frac{231㎡}{231㎡} \times 80\% = 3,696万円$$

店舗敷地：500㎡＞400㎡　　∴400㎡まで適用可能

$$7,500万円 \times \frac{400㎡}{500㎡} \times 80\% = 4,800万円$$

合　　計：3,696万円＋4,800万円＝8,496万円

（2）　貸付事業用宅地等を選択するため調整算式により適用面積を算出
① 　自宅敷地から優先適用する場合
　自宅敷地231㎡に優先適用し、貸家敷地に適用できる面積を「X」として調整算式により適用面積を算出する。

$$231㎡ \times \frac{200㎡}{330㎡} + 「X」 \leqq 200㎡ \rightarrow 「X」 \leqq 60㎡$$

自宅敷地：$4,620万円 \times \frac{231㎡}{231㎡} \times 80\% = 3,696万円$

第4章

貸家敷地：7,500万円 $\times \dfrac{60\text{㎡}}{500\text{㎡}} \times 50\% = 450$万円

合　計：3,696万円＋450万円＝4,146万円

② 貸家敷地から優先適用する場合

　貸家敷地500㎡のうち貸付事業用宅地等の限度面積200㎡に優先適用した時点で、調整算式の上限を超えるため、自宅敷地には適用できる余地がなくなる。

貸家敷地：7,500万円 $\times \dfrac{200\text{㎡}}{500\text{㎡}} \times 50\% = 1,500$万円

③ 判定

　①＞②のため、自宅敷地から優先適用した4,146万円が有利

例 題

Q:

《設例》

　Aさん（72歳）は、まだ生活に不自由はないが、年齢のこともあり、そろそろ相続のことを真剣に考えようと考えている。

　Aさんには、妻のBさん、長男Cさん、二男Dさんがいる。もう一人長女Eさんがいたが、3年前に他界している。長女Eさんには子（孫Hさん）がおり、Aさんとは普通養子縁組をしている。

　Aさんには財産として、複数の土地があり、相続税が高額になることを心配している。また、遺産相続で親族がもめないように生前贈与などの分割対策も立てておきたいと考えている。

　Aさんの親族関係図およびAさんが所有している土地に関する資料等は、以下のとおりである。

　なお、長男Cさんは、2023年に「直系尊属から住宅取得等資金の贈与を受けた場合の贈与税の非課税」を適用し、Aさんから500万円の贈与を受けている。

〈Aさんの親族関係図〉

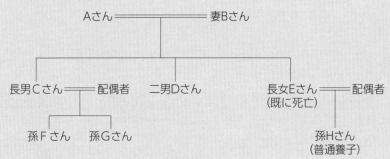

〈Aさんが所有している土地に関する資料〉
- 甲土地（Aさんが所有している自宅の敷地）
  宅地面積440㎡　自用地評価額7,600万円
- 乙土地（Aさんが所有している事業用建物の敷地）
  宅地面積300㎡　自用地評価額6,000万円
- 丙土地（Aさんが所有している賃貸アパート（入居率100%）の敷地）
  宅地面積250㎡　自用地評価額2,000万円
  借地権割合：70%　借家権割合30%

※上記以外の条件は考慮せず、各問に従うこと。

《問》　Aさんが2024年中に死亡して、相続人が甲土地、乙土地、丙土地を相続により取得し、「小規模宅地についての相続税の課税価格の計算の特例」（以下、「本特例」という）の適用を受けた場合、本特例の適用を選択する宅地に応じた相続税の課税価格に算入すべき価額の計算にあたって減額される最大の金額に関する下記の表の空欄①～⑤に入る最も適切な数値を求めなさい。

　　なお、甲土地は特定居住用宅地等、乙土地は特定事業用宅地等、丙土地は貸付事業用宅地等にそれぞれ該当するものとする。

本特例の適用を選択する宅地	相続税の課税価格に算入すべき価額の計算にあたって減額される最大の金額
甲土地のみ	（　①　）万円
乙土地のみ	（　②　）万円
丙土地のみ	（　③　）万円

第4章

甲土地および乙土地	（　④　）万円
乙土地および丙土地	（　⑤　）万円

① 甲土地は特定居住用宅地等に該当するため、最大330㎡まで80％減額の対象となる。

$$7,600万円 \times \frac{330㎡}{440㎡} \times 80\% = 4,560万円$$

② 乙土地は特定事業用宅地等に該当するため、最大400㎡まで80％減額の対象となる。

$$6,000万円 \times \frac{300㎡}{300㎡} \times 80\% = 4,800万円$$

③ 丙土地は貸付事業用宅地等に該当するため、最大200㎡まで50％減額の対象となる。

　なお、丙土地は貸家建付地として評価してから小規模宅地として減額の計算をする。

$$2,000万円 \times (1 - 0.7 \times 0.3 \times 1.0) = 1,580万円$$

$$1,580万円 \times \frac{200㎡}{250㎡} \times 50\% = 632万円$$

④ 特定居住用宅地等と特定事業用宅地等は併用できるため、それぞれの減額した額を合計したものとなる。

$$4,560万円 + 4,800万円 = 9,360万円$$

⑤ 貸付事業用宅地等と特定事業用宅地等は次の計算式による面積の調整が必要となる。

$$特定事業用宅地等 \times \frac{200㎡}{400㎡} + 特定居住用宅地等 \times \frac{200㎡}{330㎡} + 貸付事業用宅地等$$

$$\leq 200㎡$$

$$300㎡ \times \frac{200㎡}{400㎡} + 貸付事業用宅地等 = 200㎡$$

貸付事業用宅地等 = 50㎡

貸付事業用宅地等に適用できる50㎡の減額は、次の計算による。

$$2,000万円 \times (1 - 0.7 \times 0.3 \times 1.0) = 1,580万円$$

$$1,580万円 \times \frac{50㎡}{250㎡} \times 50\% = 158万円$$

特定事業用宅地等4,800万円と158万円を合計した4,958万円が減額となる。

※乙土地と丙土地は面積の調整が必要であり、乙土地から評価減をし、残りの面積を丙土地に適用した場合は、4,958万円の評価減となるため、丙土地のみを適用した632万円よりも評価減の効果は大きくなる。

正解：①4,560（万円）　②4,800（万円）　③632（万円）
④9,360（万円）　⑤4,958（万円）

⑧ 農地の評価

市街地農地の評価は、宅地比準方式または倍率方式により評価する。

宅地比準方式とは、その農地が宅地であるとした場合の価額からその農地を宅地に転用する場合にかかる造成費に相当する金額を控除した金額により評価する方法をいう。

第4章

実務上のポイント

・貸家建付地の評価額の計算式は、自用地価額×（1－借地権割合×借家権割合×賃貸割合）となる。

・被相続人の居住用財産を同居親族が取得し、申告期限まで引き続き居住し、かつ保有している場合、小規模宅地等についての相続税の課税価格の計算の特例における特定居住用宅地として、330㎡まで80％が減額される。

・被相続人の事業用宅地等（不動産貸付を除く）を相続税の申告期限までに親族が取得および事業を承継し、申告期限までその事業を営んでいる場合は、400㎡まで80％が減額される。

・2018年4月1日以後に開始した相続または遺贈については、持ち家に居住していない者に係る特定居住用宅地等の特例の対象者の範囲から、相続開始前3年以内に、その者の3親等内の親族またはその者と特別の関係のある法人が所有する国内にある家屋に居住したことがある者などを除外することとされた。

第 **4** 節

自社株評価の概要

❶ 取引相場のない株式の評価方式

上場株式や気配相場のある株式以外の株式を「取引相場のない株式」という。事業承継対策等においては、取引相場のない株式のことを自社株ということが多い。取引相場のない株式を相続税・贈与税において評価する場合の具体的な評価方式は、〔図表4－4〕のように定められている。

原則的評価方式と**特例的評価方式**のどちらの評価方式を適用するかは、自社株を相続・遺贈・贈与等により取得した者が、その会社を支配しているか否かによって決まる。

原則的評価方式においては、会社規模により具体的な評価方式が異なる。大会社・中会社・小会社の会社規模は、評価会社の従業員数、総資産価額、取引金額によって決まる。

具体的な評価方式は、**類似業種比準方式**、**純資産価額方式**、**併用方式**、**配当還元方式**の4つであり、これらの評価方式の判定とは別に、総資産価額に対して一定割合以上の株式等または土地等を保有する会社等の株式については、特定の評価会社として、原則、純資産価額方式で評価する〔図表4－5〕。

❷ 株主区分の判定

(1) 会社の支配力により異なる評価方式

上場株式の場合、同一銘柄の株式の評価額は、株式の取得者にかかわらず同一価額である。

これに対して、取引相場のない株式については、その会社に対する支配力に応じて株主を区分して、それぞれ異なる評価方式を適用する。支配力のある株主の取得した株式は原

則的評価方式を適用して評価し、支配力のない株主の取得した株式は特例的評価方式を適用して評価する。つまり、自社株にあっては、同一銘柄について異なる2つの評価額が算出されることとなり、一物二価となっている。

〔図表4－4〕自社株の評価方式

株主区分	同　族　株　主　等			同族株主等以外
評価方式	原　則　的　評　価　方　式			特例的評価方式
会社規模	特定の評価会社	一般の評価会社		
大会社	原則として純資産価額方式	類似業種比準方式		配当還元方式
中会社		類似業種比準方式と純資産価額方式の併用方式		
小会社		純資産価額方式 （中会社と同じ併用方式の選択可）		

(※) いずれの評価方法でも、純資産価額が低いときは純資産価額方式を採用できる。

〔図表4－5〕自社株評価の流れ

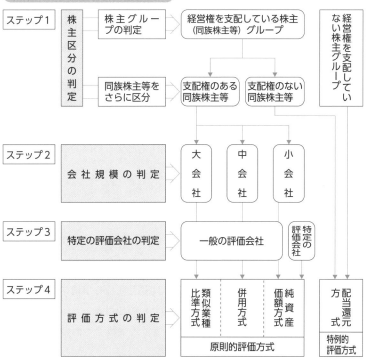

（2）株主区分の判定

株主区分は、

① 評価会社に**同族株主**がいるか

② 株式の取得者は同族株主等か

③ 株式の取得者の議決権割合はいくらか

により判定する。

同族株主のいる会社では、同族株主が取得した株式（株式の取得者の議決権割合の判定により、議決権割合が5％未満の特定の株主を除く）は、原則的評価方式によって評価する。同族株主以外の株主が取得した株式は、特例的評価方式で評価する。

同族株主のいない会社では、株主の1人およびその**同族関係者**が所有する株式の議決権割合が15％以上となる株主グループに属する株主（以下、同族株主と合わせて「**同族株主等**」という）が取得した株式（株式の取得者の議決権割合の判定により、議決権割合が5％未満の特定の株主を除く）は、原則的評価方式によって評価する。それ以外の株主が取得した株式は、特例的評価方式で評価する。

上記の判定における同族株主とは、株主の1人およびその同族関係者を1グループとし、課税時期における評価会社の株主のうち、その株主グループの所有する議決権の合計数が議決権総数の**30％以上**であるグループに属する株主をいう。ただし、筆頭株主グループの議決権割合が50％超である会社については、その50％超所有するグループの株主のみが同族株主となる。

法人税法でいう同族会社の判定方法とは異なるので、法人税法上の同族会社であるからといって、同族会社の判定基礎となった株主がすべて同族株主となるわけではないので注意が必要である。

以上の判定方法をフローチャートにしたものが、〔図表4－6〕である。

同族関係者とは、法人税法施行令4条に定める特殊の関係にある個人および法人をいい、具体的には次のものをいう。

① 次のいずれかに該当する個人

　a．株主等の親族

　b．株主等とまだ婚姻の届出をしていないが事実上婚姻関係と同様の事情にある者

　c．株主等（個人である株主に限る。d．においても同じ）の使用人

　d．上記a．～c．に掲げる者以外の者で株主等から受ける金銭その他の資産によって生計を維持している者

e．上記 b．～ d．に掲げる者と生計を一にするこれらの者の親族

② 次のいずれかに該当する法人

　a．株主等の1人（個人である株主等については、その1人およびこれと上記①に規定する特殊の関係にある個人。以下、この項において同じ）が有するほかの会社の発行済株式の総数または出資金額の合計額が当該ほかの会社の発行済株式の総数または出資金額の50％超に相当する場合における当該ほかの会社

　b．株主等の1人および上記 a．に規定する特殊の関係にある会社が有するほかの会社の発行済株式の総数または出資金額の合計額が当該ほかの会社の発行済株式の総数または出資金額の50％超に相当する場合における当該ほかの会社

　c．株主等の1人および上記 a．b．に規定する特殊の関係にある会社が有するほかの会社の発行済株式の総数または出資金額の合計額が当該ほかの会社の発行済株式の総数または出資金額の50％超に相当する場合における当該ほかの会社

③ 同一の個人または法人と上記②に規定する2以上の会社が、同族会社であるかどうかを判定しようとする会社の株主等である場合には、その2以上の会社は、相互に特殊の関係にある会社とみなす。

第4章

〔図表4－6〕株主区分の判定

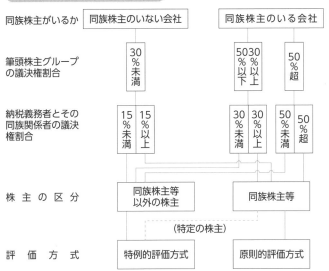

159

(3) 同族株主等が取得した株式のうち特例的評価方式となるもの

　同族株主等が取得した株式であっても、議決権割合が5％未満となる株主が取得した株式のうち一定の条件に当てはまるものは、会社に対する支配力が小さいため、特例的評価方式（配当還元方式）で評価する〔図表4-7〕。

　「同族株主」の判定は、グループとして行うが、「中心的な同族株主」および「中心的な株主」の判定は、判定しようとする個々の株式取得者ごとに行う。

〔図表4-7〕特定の株主の判定

区分	株主の態様				評価方式
同族株主のいる会社	同族株主(※1)	議決権割合が5％以上の株主			原則的評価方式
		議決権割合が5％未満の株主	中心的な同族株主(※2)がいない場合		
			中心的な同族株主(※2)がいる場合	中心的な同族株主(※2)	
				役員である株主(※4)	
				その他の株主	特例的評価方式
	同族株主以外の株主				
同族株主のいない会社	議決権割合の合計が15％以上の株主グループに属する株主	議決権割合が5％以上の株主			原則的評価方式
		議決権割合が5％未満の株主	中心的な株主(※3)がいない場合		
			中心的な株主がいる場合(※3)	役員である株主(※4)	
				その他の株主	特例的評価方式
	議決権割合の合計が15％未満の株主グループに属する株主				

（※1）議決権割合が50％超のグループに属する株主。どの同族グループも50％以下の場合は30％以上のグループに属する株主。
（※2）本人、配偶者、直系血族、兄弟姉妹、1親等の姻族で議決権割合が25％以上となる株主（〔図表4-6〕参照）。
（※3）議決権割合が15％以上のグループに属し、かつ、単独で10％以上の株主。
（※4）課税時期に役員である場合と課税時期の翌日から法定申告期限までに役員となる場合。

3 会社規模の判定

(1) 会社規模の区分

　取引相場のない株式は、会社の事業規模に応じ、大会社・中会社・小会社に区分される。
　原則的評価方式では、大会社は類似業種比準方式、中会社は併用方式、小会社は純資産価額方式が原則として適用される。

例　題

Q:

　甲社の同族株主グループの株主であるA～Gは、相続または遺贈により甲社株式を取得し、その後の議決権割合等は次のとおりである。次の株主のうち、特例的評価方式で評価する者はだれか。

　なお、甲社の役員となっている者は、株主Aのみである。

株主	株主Aとの関係	議決権割合（%）
A	本　人	20
B	妻	10
C	長　男	10
D	父	3
E	弟	3
F	甥(Eの長男)	3
G	従兄	3
合　　計		52

A:

① 　株主A～Gは同族関係者であり、甲社の議決権割合の50%超を所有しているので株主A～Gは同族株主となり、甲社は同族株主のいる会社となる。

② 　A～Cは単独で議決権割合が5%以上となるので原則的評価方式が適用される。

③ 　Dからみた場合、中心的な同族株主の判定に入る株主は、A、B、C、D、E、Fとなり、その議決権割合は49%である。25%以上であるため、Dは中心的な同族株主となる。

④ 　Eからみた場合、中心的な同族株主の判定に入る株主は、A、D、E、Fとなり、その議決権割合は29%である。25%以上であるため、Eは中心的な同族株主となる。

⑤ 　Fからみた場合、中心的な同族株主の判定に入る株主は、D、E、Fとなり、その議決権割合は9%である。25%未満であるため、Fは中心的な同族株主とならない。

⑥ 　Gからみた場合、中心的な同族株主の判定に入る株主は、Gとなり、その議決権割合は3%である。25%未満であるため、Gは中心的な同族株主とならない。

　したがって、FとGに特例的評価方式が適用される。

〔図表4－8〕中心的な同族株主判定の基礎となる同族株主の範囲

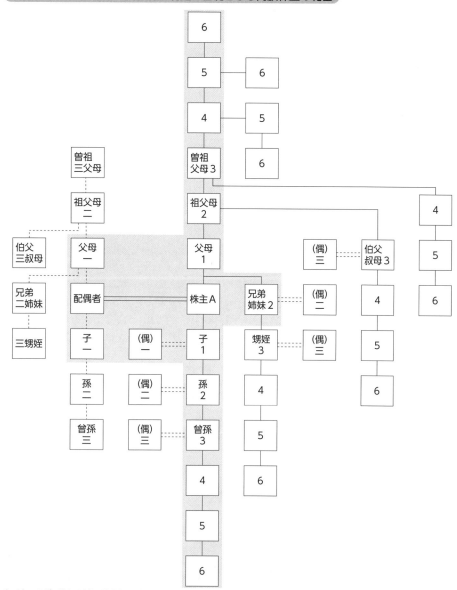

（※1）アラビア数字は血族、漢数字は姻族を、（偶）は配偶者を示している。
（※2）親族の範囲……親族とは①六親等内の血族、②配偶者、③三親等内の姻族をいう。
（※3）株主Aについて判定する場合、色アミの部分が中心的な同族株主の範囲となる。

(2) 会社規模の判定基準

　会社規模は、

①　従業員数が**70人以上**の会社は**大会社**

②　従業員数が70人未満の会社は、「直前期末以前1年間における**取引金額**」「直前期末における**総資産価額**および**従業員数**」を判定基準として、業種の区分ごとに、〔図表4－9〕によって区分する

判定要素等の意義は次のとおりである。

- 業種の区分…卸売業等の業種の区分は、総務省が公表している日本標準産業分類に基づいて行う。
- 課税時期……相続税および贈与税の課税日、すなわち、相続・遺贈、贈与により株式を取得した日をいう。
- 直前期末……課税時期の直前に終了した事業年度の末日をいう。
- 取引金額……課税時期の直前期末以前1年間の売上高をいう。
- 総資産価額…課税時期の直前期末における評価会社の各資産の帳簿価額の合計をいう。
- 従業員数……次の算式で算出する。

第4章

従業員数

直前期末以前1年間の継続勤務従業員の数（※）　＋　継続勤務従業員以外の従業員の直前期末以前1年間における労働時間の合計時間数 ÷ 1,800時間

（※）　継続勤務従業員とは、直前期末以前1年間その会社に継続して勤務していた従業員で、就業規則等で定められた1週間当たりの労働時間が30時間以上である従業員をいう。なお、従業員には、社長、理事長など法人税法施行令で定められる役員は含まれない。

〔図表4-9〕会社規模の判定とLの割合

○卸売業

取引金額 総資産価額 および従業員数	2億円未満	2億円以上 3億5,000万円 未満	3億5,000万円 以上 7億円未満	7億円以上 30億円未満	30億円以上
7,000万円未満 または5人以下	小会社 (L=0.50)				
7,000万円以上 5人以下を除く		中会社の小 (L=0.60)			
2億円以上 20人以下を除く			中会社の中 (L=0.75)		
4億円以上 35人以下を除く				中会社の大 (L=0.90)	
20億円以上 35人以下を除く					大会社

○小売・サービス業

取引金額 総資産価額 および従業員数	6,000万円未満	6,000万円以上 2億5,000万円 未満	2億5,000万円 以上 5億円未満	5億円以上 20億円未満	20億円以上
4,000万円未満 または5人以下	小会社 (L=0.50)				
4,000万円以上 5人以下を除く		中会社の小 (L=0.60)			
2億5,000万円以上 20人以下を除く			中会社の中 (L=0.75)		
5億円以上 35人以下を除く				中会社の大 (L=0.90)	
15億円以上 35人以下を除く					大会社

○卸売業、小売・サービス業以外の業種

取引金額 総資産価額 および従業員数	8,000万円未満	8,000万円以上 2億円未満	2億円以上 4億円未満	4億円以上 15億円未満	15億円以上
5,000万円未満 または5人以下	小会社 (L=0.50)				
5,000万円以上 5人以下を除く		中会社の小 (L=0.60)			
2億5,000万円以上 20人以下を除く			中会社の中 (L=0.75)		
5億円以上 35人以下を除く				中会社の大 (L=0.90)	
15億円以上 35人以下を除く					大会社

実務上のポイント

- 会社規模は、従業員数が70人以上の会社は大会社となる。
- 同族株主とは、株主の1人およびその同族関係者を1グループとし、課税時期における評価会社の株主のうち、その株主グループの所有する議決権の合計数が議決権総数の30%以上であるグループに属する株主をいう。ただし、筆頭株主グループの議決権割合が50%超である会社については、その50%超を所有するグループの株主のみが同族株主となる。
- 同族株主のいる会社における中心的な同族株主とは、本人、配偶者、直系血族、兄弟姉妹、1親等の姻族で議決権割合が25%以上となる株主である。

第 **5** 節

自社株評価の具体的方法

① 類似業種比準方式

(1) 類似業種比準方式の算式

類似業種比準方式は、原則として大会社の評価に適用する。

類似業種比準方式は、評価しようとする会社と事業内容が類似する上場会社の株価に比準して、配当・利益・簿価純資産(この3要素を比準要素という)の3要素で、その株式の価額を求めようとする方式である。会社の業績の反映である配当・利益・簿価純資産が高い会社は評価額が高くなる。

利付公社債の評価額

$$A \times \dfrac{\dfrac{Ⓑ}{B} + \dfrac{Ⓒ}{C} + \dfrac{Ⓓ}{D}}{3} \times 斟酌率 \times \dfrac{1株当たりの資本金等の額}{50円}$$

A…類似業種の株価(課税時期の属する月以前3カ月間の各月および前年平均額ならびに課税時期の属する月以前2年間の平均額のうち最も低い金額)
B…課税時期の属する年の類似業種の1株当たりの配当金額
C…課税時期の属する年の類似業種の1株当たりの年利益金額
D…課税時期の属する年の類似業種の1株当たりの簿価純資産価額
Ⓑ…評価会社の直前期末および直前々期末における1株当たりの配当金額の平均額
Ⓒ…評価会社の直前期末以前1年間または2年間の年平均における1株当たりの利益金額のうちいずれかを選択
Ⓓ…評価会社の直前期末における1株当たりの簿価純資産価額
斟酌率…**大会社:0.7、中会社:0.6、小会社:0.5**

$$1株当たりの資本金等の額 = \dfrac{直前期末の資本金等の額}{直前期末の発行済株式数(自己株式を除く)}$$

(※1) Ⓑ、Ⓒ、Ⓓは、1株当たりの資本金等の額を50円とした場合の1株当たりのものを用い、マイナスの場合はゼロとする。
(※2) A、B、C、Dの各数値は、国税庁が同種事業の上場会社の株価等から算定した公表数値(「類似業種比準価額計算上の業種目及び業種目別株価等」)を用いる。

（※3）　業種は業種目別に、大分類・中分類・小分類に区分されている。その業種目が小分類に区分されているものにあっては小分類による業種目、小分類に区分されていない中分類のものにあっては中分類の業務目による。ただし、**納税義務者の選択により、類似業種が小分類による業種目にあってはその業種目の属する中分類の業種目、類似業種が中分類による業種目にあってはその業種目の属する大分類の業種目を、それぞれ類似業種とすることができる。**

（※4）　評価会社が複数の業種目を兼業している場合は、そのうち単独の業種目に係る収入が50%超の業種目による。

（※5）　$\dfrac{Ⓑ}{B}$、$\dfrac{Ⓒ}{C}$、$\dfrac{Ⓓ}{D}$、$\left(\dfrac{Ⓑ}{B}+\dfrac{Ⓒ}{C}+\dfrac{Ⓓ}{D}\right)\div 3$ のそれぞれの数値は、小数点第2位未満を切り捨てる。1株当たり資本金等の額50円当たりの類似業種比準額は、10銭未満を切り捨てる。また、評価株式の1株当たりの類似業種比準額は円未満を切り捨てる。

(2) 各比準要素の算出

① 1株当たりの配当金額（Ⓑ）

評価会社の**直前期末以前2年間**における剰余金の配当金額の**平均額**を、直前期末における株式1株当たりの資本金等の額を50円とした場合の発行済株式数で除して計算した金額である。

この場合の年平均配当金額の算定にあたっては、特別配当、記念配当等の名称による配当金額のうち、将来毎期継続することが予想できないものは、これを除いて計算する。

1株当たりの配当金額

$$\dfrac{直前期末以前2年間における剰余金の配当金額 - 左記期間の非経常的な配当金額}{2} \div \begin{array}{l}1株当たりの資本金等\\の額を50円とした場合\\の発行済株式数\\（資本金等の額\div 50円）\end{array} = Ⓑ$$

（※）　Ⓑの金額は、10銭未満を切り捨てる。

② 1株当たりの利益金額（Ⓒ）

評価会社の直前期末以前1年間における法人税の課税所得金額を基に、直前期末における株式1株当たりの資本金等の額を50円とした場合の発行済株式数で除して計算した金額である。年利益金額は、**直前期末以前2年間の平均額**と**直前期末以前1年間**の金額のうち、いずれかを選択することができる。

1 株当たりの利益金額

$$\left[\begin{array}{c}\text{法人税}\\\text{の課税}\\\text{所得金}\\\text{額}^{(※1)}\end{array}\begin{array}{c}\text{非経常}\\\text{的な利}\\-\text{益の額}\\^{(※2)}\end{array}+\begin{array}{c}\text{所得の計算上益金に算入}\\\text{されなかった剰余金の配}\\\text{当(資本金等の額の減少}\\\text{によるものを除く)等の}\\\text{金額(所得税額に相当す}\\\text{る金額を除く)}^{(※3)}\end{array}+\begin{array}{c}\text{損金に算入}\\\text{された繰越}\\\text{欠損金の控}\\\text{除額}^{(※4)}\end{array}\right]\begin{array}{c}\text{1 株当たりの}\\\text{資本金等の額}\\\div\text{を50円とした}\\\text{場合の発行済}\\\text{株式数}\end{array}=Ⓒ^{(※5)}$$

(※1)　法人税申告書別表四の「所得金額又は欠損金額」の金額をいう。
(※2)　固定資産売却益、保険差益等の非経常的な利益の金額をいう。
(※3)　法人税申告書別表四の「受取配当金の益金不算入額」から、法人税額から控除される所得税額のうち「受取配当金の益金不算入額」の対象となった受取配当金等に対応する金額を控除した金額をいう。
(※4)　法人税申告書別表四の「欠損金又は災害損失金の当期控除額」の金額をいう。
(※5)　Ⓒの金額は円未満を切り捨てる。

③　1 株当たりの純資産価額（Ⓓ）

　評価会社の直前期末における資本金等の額と法人税法上の利益積立金額（法人税申告書別表五（一）「利益積立金額及び資本金等の額の計算に関する明細書」の差引翌期首現在利益積立金額の差引合計額）の合計額を、直前期末におけるその株式1株当たりの資本金等の額を50円とした場合の発行済株式数で除して計算した金額である。

1 株当たりの純資産価額

$$\left[\text{資本金等の額}+\begin{array}{c}\text{法人税法に規}\\\text{定する利益積}\\\text{立金額}\end{array}\right]\begin{array}{c}\text{1 株当たりの資本金等}\\\div\text{の額を50円とした場合}\\\text{の発行済株式数}\end{array}=Ⓓ$$

(※)　Ⓓの金額は円未満を切り捨てる。

例 題

Q:

次のケースにおける1株当たりの類似業種比準価額はいくらになるか。

（1）評価会社の概要
① 業種：電気工事業
② 直前期末の資本金等の額：5,000万円（発行済株式数10万株）
③ 評価会社の比準要素
　1株（50円）当たりの配当金額　　（Ⓑ）：4.2円
　1株（50円）当たりの利益金額　　（Ⓒ）： 48円
　1株（50円）当たりの純資産価額（Ⓓ）：245円
④ 会社規模：大会社
（2）類似業種の比準要素等

比準要素等 \ 業種目	中 分 類「設備工事業」	小 分 類「電気工事業」
類似業種の株価 — 課税日が属する月の平均株価	434 円	246 円
課税日が属する月の前月の平均株価	384 円	209 円
課税日が属する月の前々月の平均株価	357 円	197 円
課税日が属する月の前年の平均株価	448 円	294 円
課税日が属する月以前2年間の平均株価	422 円	235 円
比準要素 — 1株当たりの配当金額（B）	4.8 円	4.2 円
1株当たりの利益金額（C）	60 円	35 円
1株当たりの純資産価額（D）	460 円	294 円

A:

（1）1株（50円）当たりの比準価額
① 中分類での比準価額

$$357円 \times \cfrac{\cfrac{4.2}{4.8} + \cfrac{48}{60} + \cfrac{245}{460}}{3} \times 0.7$$

$$=357円 \times \left[\frac{0.87+0.80+0.53}{3}\right] \times 0.7$$

$$=357円 \times 0.73 \times 0.7$$

$$=182.4円（10銭未満切捨て）$$

② 小分類での比準価額

$$197円 \times \left[\frac{\frac{4.2}{4.2}+\frac{48}{35}+\frac{245}{294}}{3}\right] \times 0.7$$

$$=197円 \times \left[\frac{1.00+1.37+0.83}{3}\right] \times 0.7$$

$$=197円 \times 1.06 \times 0.7$$

$$=146.1円（10銭未満切捨て）$$

中分類での比準価額（182.4円）＞小分類での比準価額（146.1円）となり、小分類での比準価額を採用する。

（2） 1株当たりの資本金等の額

5,000万円÷10万株＝500円

（3） 1株当たりの比準価額

$$146.1円 \times \frac{500円}{50円} = 1,461円（円未満切捨て）$$

2 純資産価額方式

（1） 純資産価額方式の算式

　純資産価額方式は、課税時期に会社を解散して会社財産を処分し清算する場合に、払戻しがいくらあるかを算出し、これを評価額とする方式である。この場合、会社の財産は、その簿価によらないで相続税評価額により評価し、1株当たりの純資産価額を計算する。所有する土地や株式等の含み益が多い会社の株価は高くなる〔図表4－10〕。

純資産価額

①相続税評価額による純資産価額＝相続税評価額による資産の合計額－負債の合計額
②帳簿価額による純資産価額＝帳簿価額による資産の合計額－負債の合計額
③評価差額に相当する金額＝①－②
④評価差額に対する法人税等相当額＝③×37％
⑤課税時期現在の純資産価額＝①－④
⑥課税時期現在の１株当たりの純資産価額＝⑤÷課税時期現在の発行済株式数（自己株式控除後）
（※１）　純資産価額は、課税時期現在で仮決算をして算出するのが原則であるが、直前期末から課税時期までの間に資産および負債の金額に著しい増減がない場合、直前期末の資産および負債を課税時期の路線価等で評価した金額を用いることができる。
（※２）　株式の取得者の属する同族関係者グループの議決権割合が50％以下である場合は⑥×80％（20％減）とする。

第4章

〔図表４－10〕純資産価額方式の考え方

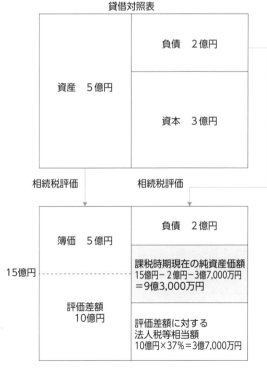

資本金　　　：1,000万円
発行済株式数：２万株

１株当たりの評価額
$$= \frac{9億3,000万円}{発行済株式数}$$
$$= \frac{9億3,000万円}{２万株}$$
$$= 4万6,500円$$

(2) 各要素の算出

① 相続税評価額による資産の合計額

相続税評価額による資産の合計額は、課税時期における評価会社の各資産を財産評価基本通達の定めによって評価した価額の合計額による。

帳簿に資産として計上されていないものであっても、相続税法上の課税財産に該当するもの、たとえば、無償で取得した借地権、特許権や営業権等がある場合には、これらを財産評価基本通達の定めるところにより評価する。なお、被相続人の死亡に伴い、評価会社が受け取った死亡保険金は、生命保険金請求権として、相続税評価額による資産・帳簿価額による資産のいずれにも計上する。

一方、前払費用や繰延資産等で財産性のないものについては、たとえ帳簿価額があるものであっても評価の対象にしない。

また、資産のうち評価会社が課税時期前3年以内に取得または新築した土地および土地の上に存する権利ならびに家屋およびその付属設備または構築物があるときには、これらの価額は、課税時期の「通常の取引価額」で評価する必要がある。なお、家屋等の場合には、取得価額の金額から課税時期までの期間の減価償却費の額の合計額を控除した金額によって評価する。

② 負債の金額（相続税評価額・帳簿価額共通）

負債の金額は、課税時期における評価会社の各負債の金額の合計額による。貸倒引当金、退職給与引当金、納税引当金、その他の引当金および準備金に相当する金額は、負債として計上できない。

一方、次に掲げる金額等は、会社計算上の帳簿価額に負債としての記載がない場合であっても、負債に含まれる。

a．未納租税公課、未払利息等の簿外負債の金額

b．被相続人の死亡により、相続人その他の者に支給することが確定した退職手当金、功労金その他これらに準ずる給与の金額

c．死亡保険金を原資として死亡退職金を支払った場合には、死亡退職金を控除した後の保険差益に対する法人税等相当額

③ 帳簿価額による資産の合計額

帳簿価額による資産の合計額は、法人税計算上の帳簿価額である。

減価償却超過額のあるものの帳簿価額は、課税時期におけるその資産の帳簿価額に減価償却超過額を加算した金額とするなど、税務計算上の帳簿価額による。一方、財産性のな

い前払費用や繰延資産等の帳簿価額は計算しない。

　また、現物出資、合併、株式交換または株式移転により著しく低い価額で受け入れた資産がある場合は、現物出資等のときの当該資産の相続税評価額をもって帳簿価額とする。

(3) 評価差額に対する法人税等相当額

　評価会社が取引相場のない株式を所有している場合において、評価会社が所有する取引相場のない株式の 1 株当たりの純資産価額を計算するにあたっては評価差額に対する法人税等相当額控除は適用しない。

　たとえば次のようなケースである。

甲社B／S	相評	帳簿	（単位：億円）
乙社株式	？	10	資本金　10

乙社B／S	相評	帳簿	（単位：億円）
土地	500	10	資本金　10

　甲社は、時価500億円、帳簿価額10億円の土地を所有していた。甲社のこの土地を現物出資して乙社を設立した。このとき、乙社の資本金を甲社が所有していた土地の時価である500億円とはせずに、10億円とした。

　このケースでA氏が所有する甲社株式を純資産価額方式で評価するためには、甲社が所有する乙社株式の相続税評価額を算出しなければならない。上記（（3）の冒頭 3 行）の規定がない場合、乙社株式を純資産価額方式で計算すると、乙社が所有する土地の相続税評価額500億円と帳簿価額10億円との差額490億円に対する法人税等相当額を控除することができ、乙社株式の相続税評価額は、次のとおり318億7,000万円となる。

　乙社株式の評価額＝500億円－（500億円－10億円）×37％＝318億7,000万円

　さらに、甲社株式を純資産価額方式で評価する場合にも、上記318億7,000万円と帳簿価額10億円との差額に対して法人税等相当額を控除することができ、甲社株式の相続税評価額は、次のとおり約204億5,000万円となる。

　甲社株式の評価額＝318億7,000万円－（318億7,000万円－10億円）×37％
　　　　　　　　　≒204億5,000万円

　このため、甲社が直接土地を所有していたときの甲社株式の相続税評価額318億7,000万円に比較して、評価額が大幅に下がってしまう。

　そこで、この行きすぎた節税策に歯止めをかけるために上記（（3）の冒頭 3 行）の規定が設けられ、甲社が所有する乙社株式の相続税評価額を計算するにあたっては、法人税等相当額を控除することができないこととされ、節税効果がないようにされている。

　乙社株式の評価額＝500億円－（500億円－10億円）× 0 ％＝500億円

例　題

Q:

　　以下のケースにおける本年12月の純資産価額方式による1株当たりの評価額はいくらになるか。
（1）評価会社の概要
① 課税時期の発行済株式数：4万株
② 決算期：毎年12月決算
（2）12月における評価会社の総資産価額等

区　分	総資産価額	負債金額
帳 簿 価 額	2億2,000万円	6,000万円
相続税評価額	8億円	6,000万円

A:

① 相続税評価額による純資産価額：8億円−6,000万円＝7億4,000万円
② 帳簿価額による純資産価額：2億2,000万円−6,000万円＝1億6,000万円
③ 評価差額に相当する金額：①−②＝5億8,000万円
④ 評価差額に対する法人税等相当額：③×37％＝2億1,460万円
⑤ 課税時期現在の純資産価額：①−④＝5億2,540万円
⑥ 課税時期現在の1株当たりの純資産価額：⑤÷4万株＝1万3,135円

❸ 併用方式

　中会社（および小会社）の評価は併用方式で行う。
　併用方式は類似業種比準方式と純資産価額方式で算出したそれぞれの評価額を一定の割合（**Lの割合**という）で加重平均して評価額を算出する方式である。Lの割合は会社規模により決定するが、大会社に近いほどLの割合は高くなり、類似業種比準価額のウエイトが高くなる〔図表4−9〕。

併用方式による評価額

類似業種比準価額$^{(※1)}$× L ＋純資産価額$^{(※2)}$×（1 － L）
（※ 1） 上記算式の「類似業種比準価額」の欄に純資産価額を算入することもできる。
　　　　ただし、この場合は、同族株主の議決権割合が50％以下であっても、純資産価額
　　　　の20％減の適用をしない価額とする。
（※ 2） 上記算式の「純資産価額」の欄には、同族株主の議決権割合が50％以下である
　　　　場合、純資産価額の20％減の適用をした価額とする。

　一般の評価会社の原則的評価方式をまとめると〔図表 4 － 11〕のとおりである。

〔図表 4 － 11〕一般の評価会社の原則的評価方式のまとめ

評価方式　　　　会社規模	原則的評価方式（A、B いずれか低い金額）	
	A（原則）	B（選択可）
大　会　社	類似業種比準価額	純資産価額（20％減の適用なし）
中　会　社	類似業種比準価額× L ＋純資産価額×（1 － L）	純資産価額（20％減の適用なし）× L ＋純資産価額×（1 － L）
小　会　社	純資産価額	中会社と同じ併用方式

（※） L ＝中会社の大0.90、中会社の中0.75、中会社の小0.60、小会社0.50

④ 配当還元方式

　同族株主等以外の株主の取得した株式は、特例的評価方式である**配当還元方式**によって
評価する。
　議決権割合が低く会社に対する支配力がない株主は、会社経営に直接タッチせずに、単
に配当金を期待して株式を所有するのがほとんどであるため、配当金だけに着目して評価
額を算出する方式である。
　具体的には、次の算式によって計算した金額による。

配当還元価額

$$\frac{その株式に係る年配当金額^{(※1)}}{10\%} × \frac{その株式の 1 株当たりの資本金等の額}{50円}$$

（※ 1） その株式に係る年配当金額は、類似業種比準方式における 1 株当たりの年配当
　　　　金額を用いる。ただし、 2 円50銭未満の場合は 2 円50銭とする。
（※ 2） 配当還元価額が原則的評価方式によって計算した価額を超える場合は、原則的
　　　　評価方式によった価額を株式の評価額とする。

例 題

Q:

以下のケースにおける配当還元価額はいくらになるか。
① 直前期末の資本金等の額：1,000万円
② 直前期末の発行済株式数：２万株
③ 直前期末以前２年間の配当金額：各年100万円

A:

（１）その株式に係る年配当金額

$$\frac{100万円＋100万円}{2} \div \frac{1,000万円}{50円} = 5円$$

（２）１株当たりの資本金等の額

$$1,000万円 \div ２万株 ＝ 500円$$

（３）配当還元価額

$$\frac{5円}{10\%} \times \frac{500円}{50円} ＝ 500円$$

特定の評価会社

（1）株式等保有特定会社

　株式等の価額の合計額を評価会社の総資産価額で除して算定した相続税評価ベースでの株式等保有割合が**50％以上**である会社の株式を、「株式等保有特定会社の株式」とし、原則として**純資産価額方式**により評価する。株式等とは、株式および出資（新株予約権付社債を含む）をいう。

　ただし、同族株主等以外の株主が取得した株式については配当還元方式により評価する。

（2）土地保有特定会社

　土地等の価額の合計額を評価会社の総資産価額で除して算定した相続税評価ベースでの

土地保有割合が〔図表4－12〕に該当する会社の株式を、「土地保有特定会社の株式」とし、原則として純資産価額方式により評価する（土地等とは土地および土地の上に存する権利をいう）。

ただし、同族株主等以外の株主が取得した株式については配当還元方式により評価する。

(3) 開業後3年未満の会社等

課税時期において、次に掲げる①または②に該当する評価会社の株式の価額は、純資産価額によって評価する。ただし、同族株主等以外の株主が取得した株式については、配当還元方式により評価する。

① 課税時期において開業後3年未満の会社

② 直前期末を基準として計算した、類似業種比準方式の計算の基となる評価会社の「1株当たりの配当金額」「1株当たりの利益金額」および「1株当たりの純資産価額」のそれぞれの金額のすべてがゼロである会社

(4) 比準要素数1の会社

類似業種比準方式の計算の基となる評価会社の「1株当たりの配当金額」「1株当たりの利益金額」および「1株当たりの純資産価額」のそれぞれの金額のうち、直前期末を基準として計算したとき、いずれか2要素がゼロであり、かつ、直前々期末を基準として計算したときも2要素以上がゼロ（比準要素数が1）である会社は次の算式による評価額とする。ただし、同族株主等以外の株主が取得した株式については配当還元方式により評価する。

〔図表4－12〕 土地保有特定会社

会　社　区　分			土地保有割合
大会社			70%以上
中会社			90%以上
小会社	総資産価額	卸売業　20億円以上 小売・サービス業　15億円以上 上記以外　15億円以上	70%以上
	総資産価額	卸売業　7,000万円以上20億円未満 小売・サービス業　4,000万円以上15億円未満 上記以外　5,000万円以上15億円未満	90%以上
	上記以外		適用なし

比準要素数1の会社の評価額

次の①、②のうちいずれか低い価額
① 純資産価額方式による評価額
② 類似業種比準価額×0.25＋純資産価額×0.75（Lの割合0.25の併用方式）

比準要素がゼロの判定は、次による。

たとえば、直前期、直前々期、直前々期の前期の各期（事業年度は1年間）において、それぞれ配当金額がゼロ、純資産価額がプラスである会社にあっては、過去3事業年度の利益金額によって、比準要素数1の会社に該当するか否かが判定されることになる。

各事業年度の利益金額が次のケース1～3の場合について考える。

（単位：万円）

	直前期	直前々期	直前々期の前期
ケース1	−100	−100	−100
ケース2	−100	−100	+200
ケース3	−100	+100	−200

1株当たりの利益金額を算定するための事業年度の利益金額については、直前期1年間の利益金額と直前期および直前々期2年間の利益金額の平均金額とのいずれを選択するかは納税者の自由である。そこで、1株当たりの利益金額を算定するための事業年度の利益金額は次のとおりとなる。

（単位：万円）

	直 前 期		直 前 々 期	
	直前期	直前期および直前々期の平均	直前々期	直前々期および直前々期の前期の平均
ケース1	0	0	0	0
ケース2	0	0	0	50
ケース3	0	0	100	0

1株当たりの利益金額を算定するための直前期の利益金額はいずれの方法によってもゼロであるが、直前々期の利益金額は、ケース2にあっては直前々期および直前々期の前期の平均金額を採用し、ケース3にあっては直前々期を採用することによりゼロとはならない。したがって、比準要素数1の会社となるのはケース1の場合だけである。

（5）開業前、休業中または清算中の会社

開業前、休業中の会社は純資産価額によって評価する。清算中の会社の株式の価額は、清算の結果分配を受ける見込みの金額の課税時期から、分配を受けると見込まれる日まで

の期間に応ずる基準年利率による複利現価の額によって評価する。

なお、同族株主等以外の株主が取得した株式についても配当還元方式は適用できない。

❻ 種類株式の評価方法

配当優先の無議決権株式

① 配当優先株式

配当について優先・劣後のある株式を発行している会社の株式を類似業種比準方式により評価する場合には、配当金の多寡は、比準要素のうち「1株当たりの配当金額」に影響するため、「1株当たり配当金額」は、株式の種類ごとにその株式に係る実際の配当金により計算する。

配当還元方式についても「1株当たり年配当金額」により評価を行うため、配当優先の有無により計算結果が異なることとなる。なお、純資産価額方式により評価する場合には、配当金の多寡は評価の要素としていないことから配当優先の有無にかかわらず評価する。

② 無議決権株式

無議決権株式は、原則として議決権の有無を考慮しないで普通株式と同様に評価する。ただし、一定の条件を満たす場合に限り、原則的評価方式により評価した価額から5％分を評価減のうえ、評価減した金額をその会社の議決権のある株式の価額に加算（調整計算）して申告することを選択できる。

実務上のポイント

- 純資産価額方式の計算における各要素の算出において、資産のうち評価会社が課税時期前3年以内に取得または新築した土地および土地の上に存する権利ならびに家屋およびその付属設備または構築物があるときには、これらの価額は、課税時期の「通常の取引価額」で評価する必要がある。
- 株式等の価額の合計額を評価会社の総資産価額で除して算定した相続税評価ベースでの株式等保有割合が50%以上である会社の株式を、「株式等保有特定会社の株式」とし、原則として純資産価額方式により評価する。
- 開業前、休業中または清算中の会社は、同族株主等以外の株主が取得した株式についても配当還元方式は適用できない。

例　題

Q:

《設例》
　株式会社X社（非上場会社、以下「X社」という）の社長であるAさんは、Aさんの長男への事業承継対策を進めるに際して、X社株式の評価額を知りたいと思っている。

〈X社の概要〉
1．業種：金属製品製造業

2．資本金等の額：4,000万円（発行済株式総数800,000株、すべて普通株式で1株につき議決権を1つ有している）

3．株主構成

株主	Aとの関係	所有株式数
A	本人	450,000株
B	妻	50,000株
C	長男	100,000株
D	友人	200,000株

　相続税におけるX社の株式の評価上の規模区分は「大会社」であり、特定の評価会社には該当しない。

4．X社の比準要素
　　1株（50円）当たりの年配当金額 7.5円
　　1株（50円）当たりの年利益金額 21円
　　1株（50円）当たりの簿価純資産価額 415円

5．類似業種の比準要素
　　類似業種の1株（50円）当たりの株価の状況
　　• 課税時期の属する月の平均株価 240円
　　• 課税時期の属する月の前月の平均株価 234円
　　• 課税時期の属する月の前々月の平均株価 231円
　　• 課税時期の前年の平均株価 232円
　　• 課税時期の属する月以前2年間の平均株価 227円

第4章

類似業種の1株（50円）当たりの年配当金額 6円
類似業種の1株（50円）当たりの年利益金額 18円
類似業種の1株（50円）当たりの簿価純資産価額 342円

6．X社の資産・負債の状況
　直前期のX社の資産・負債の相続税評価額および帳簿価額は次のとおりである。

（単位：万円）

科目	相続税評価額	帳簿価額	科目	相続税評価額	帳簿価額
流動資産	37,260	37,260	流動負債	21,210	21,210
固定資産	41,570	26,990	固定負債	9,840	9,840
合計	78,830	64,250	合計	31,050	31,050

（※）　上記以外の条件は考慮せず、各問に従うこと。

《問1》　類似業種比準方式によるX社の1株当たりの株価を求めなさい。計算過
　　　　程を示し、答は円単位とすること。なお、端数処理は、計算過程において
　　　　各要素別比準割合および比準割合は小数点第2位未満を切り捨て、1株当
　　　　たりの資本金等の額50円当たりの類似業種比準価額は10銭未満を切り捨て、
　　　　X社株式の1株当たりの類似業種比準価額は円未満を切り捨てること。
《問2》　純資産価額方式によるX社の1株当たりの株価を求めなさい。計算過程
　　　　を示し、答は、円未満を切り捨て円単位とする。

：

───　問1のポイント　───

　自社株（非上場株式）の類似業種比準方式による株価計算の問題は最頻出
項目である。本問は、計算式をマスターしていれば、容易に正解を導くこと
ができる（ただし、会社規模による斟酌率は覚えておく必要がある）。正確
に端数処置を行い、計算ミスをしないように注意したい。

$$227円 \times \frac{\dfrac{7.5}{6} + \dfrac{21}{18} + \dfrac{415}{342}}{3} \times 0.7$$

$$= 227円 \times \frac{1.25 + 1.16 + 1.21}{3} \times 0.7$$

……分子の各要素別比準割合は小数点第2位未満切捨て

$= 227円 \times \dfrac{3.62}{3} \times 0.7$

$= 227円 \times 1.20 \times 0.7$　……比準割合は小数点第2位未満切捨て

$= 190.6円$（1株当たりの資本金等の額50円当たりの類似業種比準価額→10銭未満切捨て）

　4,000万円÷800,000株＝50円（X社の1株当たりの資本金等の額）

　$190.6円 \times \dfrac{50}{50} = 190円$（円未満切捨て）

答　190円

注意点！

　類似業種の株価は5つのうち、最も低いものを使う。斟酌率（大会社0.7、中会社0.6、小会社0.5）の数値は覚えておく必要がある。

───　問2のポイント　───

　純資産価額方式による株価計算も頻出項目である。計算式を覚えていれば（あるいは、時価＝相続税評価ベースの純資産から評価差額に対する法人税等相当額を差し引いた額を1株当たりの額にしたものであるという純資産価額の意味を知っていれば）解ける易しい計算問題である。

相続税評価額による純資産価額：
　78,830万円－31,050万円＝47,780万円……①
帳簿価額による純資産価額：
　64,250万円－31,050万円＝33,200万円……②
評価差額に相当する金額：
　①－②＝14,580万円……③
評価差額に対する法人税等相当額：
　③×37％＝5,394.6万円……④
純資産価額：①－④＝42,385.4万円……⑤
1株当たり純資産価額：
　⑤÷800,000株≒529円（円未満切捨て）

答　529円

第 5 章

相続対策

第1節

相続対策の考え方

　本章以降、相続・事業承継対策について学習するが、本節では、具体的な対策について学ぶ前に、相続対策についての基本的な考え方を確認しておく。

　相続税は、人の死亡を原因とした相続の発生により、課税時期が決定する。つまり、人の死亡の発生がコントロールできない限り、課税時期もコントロールできない。

　しかし、将来相続が発生した場合に、相続財産をいかにスムーズに次の世代に承継できるかを検討し、対応策を立てることはできる。これが相続対策の目的である。

　相続対策は以下の3つの項目から構成される。

① 遺産分割（争族）対策
② 納税資金対策
③ 税負担軽減対策

　日本の場合、相続財産の約5割が土地である。しかも相続財産の多い人ほど、相続財産に占める土地の割合も高くなる傾向がある。したがって、相続対策の対象の大半は土地についての対策となるといってよい。

　相続対策は、被相続人や相続人のライフプランを重視して、遺産分割（争族）対策、納税資金対策、税負担軽減対策をバランスよく実行することが重要である。

❶ 遺産分割（争族）対策

　相続税が課されるのは、被相続人全体の9％程度である。

　また、相続税が課されない程度の相続財産であっても、相続人が複数いる場合、相続財産を巡って、相続人同士で争いの発生する余地はある。遺産分割（争族）対策は被相続人の死亡後、残された相続人の間で争いが発生するのを防ぐための対策である。さらに、納税資金対策や税負担軽減対策も、遺産分割の方法と密接な関係があるので、遺産分割（争族）対策を無視した相続対策はあり得ない。対策としては次のようなものが考えられる。

① 法的要件を満たした遺言書を作成
② 分割が困難な土地等を所有している場合、相続人間で分割がしやすい資産に変換
③ 相続財産の全部または一部が事業用不動産や居住用不動産、自社株などで、それを特定の相続人（家や会社の承継者）に相続させる必要がある場合は**代償分割**を利用

❷ 納税資金対策

　相続税は、相続が発生した日の翌日から10カ月以内に申告して、一括して現金で納付するのが原則である。限られた期間内で、多額の納税資金を確保しなければならないケースもある。特に、換金に時間を要する不動産が相続財産の多くを占める場合、いかに相続税を上手に納めるかが重要なポイントになる。
　また、いかに税負担軽減対策を実行しても、相続財産が多額の場合、相続税をゼロにすることは容易ではない。諸事情により十分な税負担軽減対策を実行できない場合もある。こうした場合にも納税資金対策が必要になる。対策としては次のようなものが考えられる。
● 生命保険、退職金、資産売却等

❸ 税負担軽減対策

　税負担軽減対策とは、一義的には、相続税をできるだけ減らすための対策であるが、相続税だけでなく、贈与税、所得税等の税負担を総合的に勘案しなければならない。
　税負担軽減対策は以下の2つに大きく分かれる。
① 財産の移転
　被相続人が所有している財産は相続財産となるので、税負担を少なくするために、贈与等により生前に次世代に財産を移す対策。
② 評価額（課税価格）の引下げ
　財産の価値をあまり減少させることなく、時価と相続税評価額とのかい離を利用して、相続財産の評価額を引き下げる対策。

第5章

第2節 不動産を活用した相続対策

不動産（宅地）の相続税評価額は、市街地において適用される路線価方式と市街地以外において適用される倍率方式によって算定される。

このようにして求められた評価額は、**自用地価額**（更地評価額）であり、さらに、そこから利用状況に合わせて減額する。不動産の相続対策における課税価格の評価減対策では、利用形態ごとの評価額の差額を利用して、所有している土地の評価額を引き下げる対策が中心となる。

ただし、利用形態によって相続税評価額が異なるのは、たとえば、更地よりも貸家の建っている土地のほうが、利用が制限され、処分価値も下落する可能性があることを鑑みたものである。つまり、貸家を建てれば評価額が低くなるが、それは実際の不動産価値が低くなったためともいえる。

したがって、収益確保を目的とする不動産を有効活用することで、相続時の評価額が低く抑えられるというメリットを享受できるが、将来、換金が予定されている不動産を無計画に活用したり、収益性を無視した活用を行うことは、納税資金および遺産分割の問題や資金繰り等の問題が発生し、実質的に財産価値を減らしてしまうことになるので注意が必要である。

❶ 貸家建付地による評価減

貸家建付地（自己所有の賃貸アパートや賃貸マンションが建っている土地）は、その宅地の自用地価額からその宅地に係る借地権割合とその貸家に係る借家権割合を掛け合わせたものに賃貸割合を乗じて計算した価額を控除して、貸家建付地としての宅地の価額を求める。

たとえば、自用地価額1億円の宅地に貸家（全室入居）が建っている場合、その宅地の借地権割合が60％で、その貸家の借家権割合が30％とすると評価額は次のようになる。

1 億円×（1 −0.6×0.3×1.0）＝8,200万円

つまり、更地で土地を所有しているよりも評価額が1,800万円減額されることになる。さらに、建物についても貸家として借家権相当額が控除される。

❷ 定期借地権の活用

相続対策として、所有する土地に定期借地権を設定した場合、以下のような効果が見込まれる。

- 土地に評価減が発生する（税負担軽減対策）
- 保証金や権利金を収受した場合、その金銭を納税資金や、追加の相続対策の資金に充当できる（納税資金対策等）
- 保証金を収受した場合、相続財産から債務控除される（税負担軽減対策）
- 物納対象地とすることができる（納税資金対策）

定期借地権の相続税評価額は、定期借地権の種類を問わず一定の算式によって評価されるが、定期借地権の設定目的となっている宅地（底地）の相続税評価額は、一定の要件を満たす一般定期借地権であれば、そのほかの定期借地権の場合に比べ、評価減の割合が大きく、地主にとって有利な規定になっている。ただし、同族会社等に貸し付けている場合は、この規定が使えないので注意を要する。

❸ 相当の地代の支払による方法

借地権を設定して土地を賃貸する場合、通常、借主から貸主に対して権利金等が支払われる。借地権の取引慣行がある地域において、この権利金の授受がされないと、貸主から借主に対して借地権の贈与があったものとされ、借地人が個人なら贈与税、法人なら法人税が課される。

しかし、権利金等の支払に代えて相当の地代を支払う場合、権利金の授受を行わなくても、借主に対する贈与税課税等はされない取扱いになっている。

相当の地代の年額は、次の算式で計算される。

第5章

相当の地代の年額

自用地価額の過去3年間の平均額×6%

借地権設定後、地価が上昇しても、設定時と同額の地代を収受していたときの評価額は、次のように算出される。

借地権と貸宅地の評価額

- 借主の借地権価額

$$自用地価額×借地権割合×\left(1-\frac{実際の地代の年額-通常の地代の年額}{相当の地代の年額-通常の地代の年額}\right)$$

- 貸主の貸宅地価額
  自用地価額-借地権価額

また、相当の地代は、通常の賃貸借契約による地代に比べ、かなり高額となるので、借地人の地代負担が大きくなる一方、地主の不動産所得を引き上げ、地主の所得税等の負担も大きくなる。

④ 小規模宅地等についての相続税の課税価格の計算の特例の活用

被相続人または被相続人と生計を一にしていた親族の事業用宅地や居住用宅地等のうち、一定面積までの部分については、相続税の計算において、小規模宅地等についての相続税の課税価格の計算の特例が適用される。

この制度を活用する場合、特定宅地に該当すれば評価額が低くなるため、適用要件を満たすような用途に留意したり、特例の適用される面積の範囲に制限があるため、単価の高い土地に適用できるようにしたりするとよい。

なお、持ち家に居住していない者に係る特定居住用宅地等の範囲や、相続開始前3年以内に貸付事業の用に供された場合の貸付事業用宅地等の範囲に制限があるため、注意を要する。

また、相続開始前3年以内に事業の用に供された場合の特定事業用宅地等の範囲に制限があることや、個人事業者の事業用資産に係る相続税の納税猶予の適用を受ける場合には、特定事業用宅地等について小規模宅地等についての相続税の課税価格の計算の特例の適用を受けることができないなど、その選択により有利不利があるので注意を要する。

第3節

生命保険を活用した相続対策

① 遺産分割対策

　生命保険を活用して円滑な遺産分割を行うための対策は、不動産や自社株（有限会社・医療法人などの出資持分を含む）など、分割のむずかしい財産を所有している場合や、個人事業主（個人開業医を含む）などのように、後継者に事業用財産を引き継がせたい場合などに有効な対策となる。

(1) 円満分割プラン

　被相続人の相続財産（＝本来の相続財産）については、遺言で特定の相続人が受け取ることとし、その他の相続人は、生命保険金（＝みなし相続財産）を受け取るプランである。

(2) 代償分割プラン

　基本的な考え方については円満分割プランと同様であるが、本来の相続財産を受け取る相続人以外の相続人に、代償分割のための資金として生命保険金を活用するプランである。つまり、生命保険金は本来の相続財産ではない（みなし相続財産）ため、生命保険金を受け取った相続人から本来の相続財産に対して遺留分の減殺請求をすることができるという考えに基づき、その具体的対策として相続財産とともに生命保険金についても特定の相続人（後継者など）が受け取り、その生命保険金のなかからその他の相続人に対して、代償分割財産として現金で分割を行う方法である。

② 納税資金対策

　一般的に、相続税の納税資金としてまとまった金額を事前に準備しておくことはむずか

しい。そこで、相続税が課される財産を保有している場合には、生命保険を活用して納税資金を準備する対策が考えられる。

(1) 非課税金額プラン

死亡保険金の相続財産における非課税金額（法定相続人1人につき500万円）を活用するプランであり、非課税金額を納税資金に充当するプランである。

被相続人が契約者（＝保険料負担者）・被保険者となっている生命保険金を相続人が受け取った場合、その金額が生命保険金の非課税金額以下であれば相続税は課されない。たとえば、相続人が配偶者と長男、長女の場合、1,500万円（＝500万円×3人）までは相続税が課されないことになる。

ところで、非課税金額の活用には生命保険に加入することになるため、保険料の支払が必要となる。保険料の支払により相続財産が減少するので、その結果、相続税額も減少する。

(2) 相続税課税型プラン（相続財産完全防衛プラン）

相続税を生命保険金のみで支払うプランも考えられる。相続財産からの持出しをしないためのプランである。いわば生命保険を使って相続財産を丸々残すプランである。

被相続人が契約者（＝保険料負担者）・被保険者となっている生命保険金を相続人が受け取った場合、生命保険金の非課税金額を控除した残額についてはみなし相続財産として相続財産に加えられ、相続税が課されることになる。つまり、納税資金対策として、課される相続税額に見合う金額の生命保険に加入しても、生命保険金分（非課税金額控除後）だけ相続財産が増加し、その結果、相続税額も増加することになる。

したがって、加入した保険金額（非課税金額控除後）も含めて計算した相続税と加入保険金額とを等しくなるように設定するなら、本来の財産に対して相続税は課されないことになる。この金額のことを一般に「相続財産完全防衛額」という。

(3) 所得税課税型プラン

前述の相続税課税型プランと同様、納税資金を確保するプランとして、受け取った保険金に所得税（一時所得）が課される契約形態も考えられる。

相続人が契約者（＝保険料負担者）・保険受取人で、被相続人が被保険者となっている生命保険契約の保険金を相続人が受け取った場合、生命保険金は相続人の一時所得として所得税・住民税が課される。相続人は受け取った生命保険金から所得税額・住民税額を控

除した残額で、相続税を納付することになる。

　このプランを採用する理由は、相続税の税率（最高55％）と所得税・住民税合計の税率（最高55％（復興特別所得税は考慮しない）、一時所得はその2分の1がほかの所得と総合されるため実質的には半分である）からみて、財産額等によっては所得税課税型を選択したほうが合計支払税額が有利となるケースがあるためである。

❸ 税負担軽減対策

保険料贈与（暦年贈与）プラン

　財産の移転による対策として、被相続人から相続人へ現金を贈与し、その現金を所得税課税型の生命保険の保険料に充当することにより、相続税の納税資金を準備する方法が考えられる。つまり、税負担軽減対策と納税資金対策を同時に行うプランである。

語句索引

memo

memo

memo